中国社会科学院国情调研丛书
CASS Series of National Conditions Investigation & Research

技术进步与中国制造业产业升级

产业升级

以机器人应用为例

Technological Progress and Upgrading of China's Manufacturing Industry：

A Case Study of Robot Application

屈小博　著

社会科学文献出版社
SOCIAL SCIENCES ACADEMIC PRESS (CHINA)

摘　要

　　在劳动力供给和资本流入均受限的情况下，中国加速了以工业机器人应用为代表的自动化技术进步，这是转变经济增长动能、弥补劳动力供给短缺和高质量发展的主要应对措施之一。制造业机器人替代战略可以缓解劳动力短缺、"用工荒"，提质增效降低用工成本，减少能耗污染和安全事故等，是加快制造业企业转型升级和实现高质量发展的有效途径，也是推动中国从制造业大国向制造业强国迈进的必由之路。机器人在替代制造业中低端工作岗位和工作任务的同时，也催生出许多新的就业岗位，因为机器人需要人来研发、制造、应用和驾驭，而且机器人呼唤更具专业技术、更具创新能力和工匠精神的复合型高端人才，这也使高技能人才人力资本回报上升。这是产业升级背景下，中国制造业机器人应用和替代战略的现实特征，也是新时代中国经济发展的主要趋势，更是企业经营决策和劳动力行为选择变化的基础。

　　本书从技术进步驱动的经济增长史和工业革命带来的制度变革与劳动关系变革纵向视角，横向比较自动化技术进步过程中，中国与发达经济体在工业机器人应用和采纳战略上典型化特征，采用国际机器人联合会（IFR）跨国分行业时间序列数据和中国制造业企业—员工匹配调查微观数据，以及笔者在江苏省和广东省实施的智能制造企业调查数据，系统全面地研究了中国制造业升级中，企业机器人应用的典型化特征与产生的效应，从企业和员工两方面来描述和评价了制造业机器人应用对就业和工资的影响，并探究认为机器人替代对中国制造业产业升级的驱动力来自制造业企业生产率和创新能力的提升，总结了中国制造业企业机器人替代的一般趋势、典型特征及经济效应，提出促进产业升级、提升新岗位技能匹配及提高生产率和创新能力的机器人应用战略政策建议。本书主要研究内容和发现包括以下七个方面。

第一章从机器人技术进步的历史变迁视角，归纳和梳理机器人技术进步与经济增长，以及由此对劳动关系的制度引起变革的历程。随着技术进步的飞跃，机器人及其技术应用逐渐走进经济社会生活的方方面面，为工作和社会经济生活带来了诸多便利。企业也开始将机器人引入生产过程中，用来完成一些重复的、危险性高的工作，这使得劳动者的工作环境更加安全，但同时也带来了企业内劳动关系的变化。机器人及其技术的应用，尚缺少完善的法律规定，同时也给劳动关系和劳动力市场制度带来了巨大的挑战，需要适当的制度调整来应对机器人及其技术应用带来的影响。

第二章使用企业层面的数据资料从理论和文献上探讨机器人和人工智能给就业、人力资本回报带来的变化趋势。人口老龄化已是全球面临的共同挑战。中国当前也经历着劳动力绝对数量下降、劳动力老龄化等人口结构变化，传统的人口红利已经消失，这促使经济发展动能转换，走上创新驱动道路，远离"微笑曲线"的底端。人工智能技术已开始广泛渗入诸多领域，以前所未有的速度重塑人们的生产生活方式，为就业和经济增长带来史无前例的挑战与机遇。机器人的使用量逐年增加，随之而来的工作任务发生转变，本章将新技术革命与以往技术进步进行对比，阐明其对劳动力市场影响的特殊之处。

第三章从基本理论、国际经验和中国国情三个角度梳理和分析了工业机器人与制造业产业升级的关系。以工业机器人为代表的第四次工业革命将颠覆传统制造业产业结构，在此次技术革命中，中国第一次与其他国家站在同一起跑线上，这对未来中国发展将起到深远影响。制造业产业升级与工业机器人应用相辅相成，一方面，制造业产业升级需要工业机器人助力，以应对人口老龄化等趋势影响，另一方面，工业机器人发展有利于提高生产效率，促进产业升级。新技术突破更是扩展了制造业范围，创造了新方向。各国工业机器人发展过程中都表现出一定共性，对于工业机器人而言，人口因素推动增长，经济和科技提供支撑，后发国家增长更快。中国制造业工业机器人总量飞速增加，人口和人力资本是保持持续增长的重要原因，不同行业应用情况相差巨大。

第四章基于全球工业机器人在制造业应用的典型化特征事实及对中国典型智能制造企业的调查资料，分析了新技术主要通过扩大生产效率增长边界和提高要素配置效率来实现中国制造业转型升级，以工业机器人为例的新技术使用还会对资本、劳动力等要素市场产生交互影响。首先，全球工业机器人应用典型事实进一步表明工业机器人广泛应用于高技术制造业，而非劳动密集型产业，但当前中国工业机器人在一般制造业应用中产能过剩，而在附加值较高的零部件制造业中应用程度则相对不高。其次，不同国家推进工业机器人应用都基于本国产业比较优势，调查研究也进一步证实工业机器人产业中龙头企业的初始发展路径都基于相似产业背景。

第五章基于广东省和江苏省的问卷调查数据和实地调研资料分析总结中国制造业机器人应用实施状况，中国智能制造发展取得了一定成效。中国制造业企业数字化应用和能力素质在不断提升，为智能制造的发展奠定了坚实的基础。企业引进机器人或人工智能设备可以有效缓解劳动力成本上升、疫情等社会不确定性带来的压力，且能显著提升企业产值、利润，降低生产成本，提高人均效能。企业引进机器人或人工智能设备对于企业组织架构、内部工作岗位、用工结构和劳动力市场就业需求有一定的影响，更多的中高技能型人才依然可以与先进技术共存，共同促进经济社会高质量发展。政府应根据行业特色实时调整现有政策内容和结构，有效助推智能制造发展。

第六章基于中国企业—员工匹配调查和产业结构升级背景下制造业机器人实施状况调研数据分析机器人应用与就业的关系，阐述了机器人应用对就业可能存在的各种影响、机器人应用与劳动者工资的关系。工业机器人作为企业替代劳动力的技术选择，可以在一定程度上纾解其面临的"招工难"问题。在短期内，由于劳动合同的存在，"机器换人"直接影响员工的就业岗位需求，而直接减员使企业面临高昂的解雇成本，因此企业更倾向于通过岗位转换将被替代的员工转换至新的岗位。从长期考虑，政府可以为因机器人的引入而失业的群体提供失业保障，比如为他们提供职业技能培训和失业保险，使其能在尽快实现再就业的同时解决生活问题。工业机器人的使用可能会加剧企业间和企业内的收入不平等，健全基于要素市场的分配制度能够有效解决这一问题。

第七章从企业微观层面分析了机器人替代对中国制造业企业生产率和创新能力的影响。在新一轮科技革命下，机器人、人工智能等新技术的运用能显著提升中国制造业企业生产率和创新能力，但是目前智能技术应用水平仍有较大的提升空间。中国要从制造大国转变为制造强国，需要依靠创新驱动保持制造业长期可持续的竞争力。在资本报酬递减规律下，依靠投资驱动产业发展难以为继，机器人替代既是趋势也是挑战。想要迈入世界高端制造业的行列，需要企业增强创新意识、加大研发投入、掌握生产环节的自主核心技术，政府多方扶持企业创新活动，才能提升企业国际竞争的综合实力。

综上所述，本书基于对理论、国际经验和中国制造业机器人应用的现实特征及趋势的研究发现，政策重点既要顺势而为，也要趋利避害，但必须重视加快推行制造业乃至全部劳动者的技能再提升战略，充分挖掘不同年龄结构的人口红利，同时做好机器人冲击低技能劳动者社会保障兜底工作，有效规避人工智能对低技能人群的就业和收入冲击，尽可能防范化解科技和产业革命带来的结构性失业风险。

目　　录

第一章

机器人、自动化技术进步与制度变革

随着技术进步的飞跃，机器人及其技术应用逐渐走进了经济社会生活的方方面面，为我们的工作和生活带来了诸多便利。企业也开始将机器人引入生产过程中，用来完成一些重复的、危险性高的工作，这使得劳动者的工作环境更加安全，但同时也带来了企业内劳动关系的变化。机器人及其技术的应用，尚缺少完善的法律规定，这也给劳动关系和劳动力市场制度完善带来了巨大的挑战，需要适当的制度调整来应对机器人及其技术应用带来的影响。本章从机器人技术进步的历史角度，归纳和梳理机器人技术进步与劳动关系的制度变革历程。

第一节　机器人技术的历史、现状与展望

一　新技术革命、自动化与经济增长

以机器人、人工智能（AI）为代表的新技术革命，打破了以往经济发展过程中资本的边际成本递增或投资报酬递减的规律，这意味着我们除了必须为进入里夫金式的零边际成本社会做好准备之外，还需要更好地认识

一个可能出现的报酬递增经济（蔡昉，2019）。这是对新科技革命重要性的认识。那么 AI 怎样影响经济增长？正如 Zeira（1998）通过模型推测，技术进步的一部分就是生产的自动化。从历史的视角观察人类经济增长的过程，过去 150 年的经济增长过程就是被自动化驱动的过程。从第一次工业革命蒸汽机的使用，到第二次工业革命电力导致规模化生产，到第三次工业革命半导体、计算机和互联网催生计算机革命，生产的自动化就一直是经济增长的主要特征。而人工智能是延续这种自动化过程的下一个阶段，AI 将使自动巡航、计算机自动控制汽车发动机、核磁共振机器和 AI 放射学成为自然的进步。人们普遍认为以机器人、人工智能应用为主的第四次工业革命已经到来。在这个分析视角下，AI 可以被视作新技术革命下自动化的一种新形式，允许以往不能被自动化的工作任务实现自动化生产。自动化和"鲍莫尔成本病"（Baumol，1967）是紧密相连的，农业和制造业的自动化导致这些部门快速增长，但同时也使这些部门在 GDP 的份额下降，因为这些经历快速增长的自动化商品，价格下降和较低替代弹性意味着其在 GDP 中的份额也是降低的。

对人工智能技术的全球需求将会持续增长。根据麦肯锡的研究报告，预计到 2030 年 AI 将给全球经济带来 15.7 万亿美元的增长。机器学技术的高级形式——深度学习将创造万亿级别的潜在经济价值，中国和北美将从 AI 中获得巨大的经济收益，到 2030 年中国 GDP 增长的 26% 和北美经济增长的 14.5% 来自于此（Milena，2019）。而这一发展预期主要由以 AI 研究、大数据和互联网为支柱的国家发展战略来推动。

然而，人工智能的发展及其宏观经济效应取决于企业的大量潜在的微观行为。首先，AI 通过在产品市场上的潜在竞争力来影响创新和增长。一个途径是 AI 将会使现有产品和技术的模仿变得更容易，同时也可能引致潜在创新者为了避免竞争和对部门内部现有生产线进行模仿而致力于发明新的生产线（Bloom et al.，2014）。这样，总的增长效应将取决于部门内部的第二次创新和以创造新产品为目标的基本创新两者对总体增长过程的相对贡献。另一个途径是 AI 和数字革命通过影响与网络和平台发展相关的产品市场竞争程度来影响创新和增长。平台供应商的主要目标是最大化市场供求参与双方的数量来加强自己的垄断地位。其次，信息技术革命产生了一个重要的知识扩散效应（Baslandze，2016）。这种知识扩散效应引致了生产力在部门之间的再配置，创新和生产活动部门从不是很大程度上依赖技术外部性的部门（如纺织业）重新分配到严重依赖技术外部性的部门。而这也同样适用于人工智能，一方面，通过知识在企业和部门之间的扩散，企业能更容易地相互学习和获利；另一方面，凭借 AI 技术，企业和部门提升了获取知识的机会。因此，AI 除了在企业的创新和生产能力上产生直接效应外，还可以增加部门之间的再配置效应。

在改革开放 40 多年的经济发展中，中国利用"人口红利"的比较优势，抓住了全球化的机遇，扩大对外开放，不断扩大劳动力规模，经济显著增长。但人口结构的快速老龄化使中国正在丧失这一增长动力。人口结构的变化趋势意味着在当前的生产力水平上，中国将缺乏足够的劳动力维持经济增长，唯一可行的方式就是大幅提升生产效率。而人工智能新技术有助于缓解生产力提升与劳动力供给短缺的矛盾。通过辅助和替代劳动力，弥补劳动力供给短缺，人工智能系统能协助人类更有效率地完成现有工作任务，从而提升生产效率。人工智能可以使制造业生产、供应链、物流以及其他生产和服务流程更为高效，还能通过预测故障、找出瓶颈，以及自动化过程和决策创造出更大效益。据麦肯锡全球研究院的预测（鲍达民，2017），基于人工智能的自动化为中国的农业、制造业、酒店和餐饮服务业带来生产效率的提升，每年可贡献 0.8%～1.4% 的经济增长。人工智能新技术的广泛应用将成为提高生产力、推动中国经济增长的动力。

二　工业革命带来的社会制度和劳动关系变革

若对人类发展历史划分阶段，工业革命会是最耀眼的里程碑。人类社会从此由生产力低下的农业时代进入了技术爆炸的工业时代。以蒸汽纺织机为代表的机器第一次对人类社会产生如此巨大的影响，不仅促进了生产力的大幅提升，还引发了最深刻的社会变革，宗教皇权社会进入了现代社会。雇佣关系也第一次出现在人类历史上，拥有机器的资本家将农民雇佣成为工人，有了最原始的劳动关系。在这个历史阶段，由于资本对利润的追逐，资本家不断地强迫工人进行高强度的工作，剥夺其剩余价值，19 世纪工人的平均工作时间是 14～16 小时，这引发了工人一系列的反抗和罢工运动。尽管工人和资本家的争执不断，不过因为劳动力资源丰富和生产力限制，工人的劳动环境并没有发生本质的改变。

一直到 19 世纪末，更高效的以内燃机为动力的机器和以流水线为主的生产方式的结合才打开了新的局面，虽然仍出于对利润的追逐，但是工人的工作环境有了巨大的改善，八小时工作制成为主流。马克思的《资本论》发表之后，资本家和工人的关系第一次被阐明。工人意识到自己的利益被压榨剥削，并推动建立了历史上第一个以工人为主体的社会主义政权，社会结构再次发生变革，劳动关系也越发倾向于维护工人的利益，工资福利、社会地位等大幅度提升。

第二次世界大战之后，以美苏为首的两大政治集团军备竞赛引发的以信息技术为代表的新一轮工业革命，带来了生产力跃迁式的增长，工资收入提升，工作环境改善。白领类工作触发了妇女解放，生活条件改善、社会福利增加、法律体系不断完善、工会的作用加强等，使劳动关系空前和谐，不过随着苏联解体，资本的贪婪性又占了上风。

从近 200 年的科技发展史来看，每一次的科技升级都会引发深度的社会制度变革，并催发对劳动关系的新认知（蒋文振，2019）。已经有大量文献来阐述社会劳动力和技术进步之间的关系，技术变革会影响到社会生产生活的各个方面，如 Puhani（2008）从微观经济角度解释了这个问题，而Greiner 等（2004）则基于内生增长模型探究了劳动市场发展不平衡的趋势，Gautier（2002）、Albrecht 和 Vroman（2002）解释技术变革对劳动力市场的影响。但是随着全球化分工进一步细化和信息革命带来的信息交流的便利，劳动力市场又将经历新的变革。在第四次工业革命到来之际，在智能时代的门口，我们应该先行思考劳动关系在新时期的变化和影响。

三　机器人、人工智能时代的劳动关系

从中国历史上三国时期的"木牛流马"到现在的工业机器人，人类不断发明创造，利用机器的力量来为人类服务。计算机的相关基础研究进行了一个世纪之久，不过受制于计算力的"天花板"，直到 20 世纪末才有了智能时代的雏形。随着智能机器的大量使用，现阶段的三大产业中大量技术含量低、重复度高的任务逐渐由机器完成，人类将面对机器对职业的替

换和技术更新换代带来的结构性失业问题，劳动力市场的雇佣关系也会因为机器的大量普及而发生深刻改变；面对成本低、效率高、出错率低的机器人，人类的优势会在特定行业中荡然无存，劳动关系的主体可能发生改变。不过，对机器人的劳动保护还为时过早。引进工业机器人后，在机器冲击下仍保留下来一些工种，其劳动关系的新形势需要我们加以更多的关注和研究。

中国虽然与历史上首次工业革命擦肩而过，但是在新中国成立之后，在短短几十年内，完成了对三次工业革命的补课和对现代社会的赶超，中国的劳动关系也经历了多个历史阶段的变革。中国在新时期的人口红利逐渐消失，却在智能时代产生了海量的数据和新技术的应用场景；随着工程师红利加速释放，中国在第四次工业革命中逐渐处于领先地位。中国以5G技术为基础的智能化社会逐渐拉开帷幕，尤其是工业中对机器人及其技术的运用更是加速普及，而技术的应用对社会的发展有着巨大的影响，本章将探讨其对劳动关系和劳动力市场制度的影响与机遇。

第二节　机器人技术及其应用对劳动关系的影响

一　机器人技术及其应用对劳动关系的影响

（一）劳动关系变革的背景

劳动关系是现代工业社会中最基本的社会关系，长期的历史实践表明和谐的劳动关系是社会经济稳定发展的基石。自改革开放，中国开始从劳资利益一体化的行政化劳动关系向劳资利益分化的市场化劳动关系转变；随着《劳动法》《工会法》《劳动合同法》《就业促进法》《社会保险法》等一系列法律的颁布和执行（沈建峰，2018），劳资双方的法律意识不断增强，劳动关系越来越规范化。劳动关系的法律体系的建立是构建和谐劳动关系的基础。

自改革开放至今，中国取得了举世瞩目的经济增长奇迹，发展成就的基础就是发挥劳动力资源丰富的优势，抓住全球化机遇参与国际分工，但近年来劳动年龄人口的减少、人口老龄化、中国劳动力供给出现短缺，对中国制造业发展及国际竞争力提升产生了深远影响。主要表现为：一是随着中国劳动年龄人口占比在 2010 年达到顶峰、劳动力供给总量于 2012 年达到峰值后，劳动力供给从无限供应变为短缺，这导致中国制造业传统的竞争优势消失；二是高等教育的普及促使劳动力人均受教育年限快速增长，劳动力素质显著提高；三是由于劳动力供求的转变，2010 年后劳动力成本迅速攀升。随着劳动力市场的变化，劳动关系也发生了巨大的变化，劳动者议价能力提升，企业也更加注重员工的权益。这一现象加速了构建和谐劳动关系的进程。

但是这一改变也引发了新的问题。劳动密集型中国制造业企业对劳动力供给和劳动力成本的变化非常敏感，劳动力供给短缺将在很大程度上影响劳动密集型制造业企业的长期发展。企业用工成本增高，但是收益未变，进而引发企业招工难，部分行业出现"用工荒"现象，造成结构性失业，这对构建和谐劳动关系是潜在的威胁（李祥进等，2012）。不过，新经济增长模型将劳动力质量作为内生变量纳入生产函数，发现劳动力质量的提高是提升制造业国际竞争力、推动经济增长的主要贡献因素（Grossman & Helpman，1993）。当前阶段就体现为以工业机器人为代表的智能制造正在加速落地。

（二）机器人技术加速发展

机器人及其技术的应用为劳动力供给短缺问题提供了新的解决方案。机器人的发展在本质上是资本对劳动的替代。通过辅助或者替代人类劳动，机器人能更有效率地完成现有的工作，提高生产力。当劳动力资源丰富且劳动力成本较低时，企业追求利润最大化的动机会促使其选择使用更多劳动力。在这一发展阶段，由于价格因素机器人自动化难以普及，只能应用于资本和技术密集度高的少数产业领域以及生产环节。只有当经济发展阶段越过刘易斯转折点之后，人口红利消失，劳动力成本快速上升，工业机器人才会在生产中普遍应用。

工业机器人作为新技术革命的代表，是现代制造业的主要技术应用标志，也是连接生产和服务信息智能化的主要生产组织方式，以较低的人工成本和较高的劳动生产效率来替代日益稀缺的劳动力资源已成为现代经济的主流趋势。工业机器人在制造业的广泛使用，不仅可以增加产出和提高产品质量，而且可以大幅减轻劳动者的劳动强度、增强劳动保护、改善劳动条件、提高劳动生产率、降低能耗以及显著降低生产成本，能促进制造业转型升级、推动经济高质量发展。在中国劳动力供给结构已经发生转变、总量呈现下降趋势的大背景下，加速制造业数字化与智能化发展，有助于加快培育中国制造业国际竞争新优势，继续保持制造业大国的原有竞争优势。

机器人对制造业转型升级有显著的促进作用。第一，工业机器人能显著提高制造业企业的劳动生产率，降低产品的生产成本和销售价格，提高产品的市场占有率，显著增加企业绩效，进而促进企业扩大生产规模，相应也会提升对劳动力的需求，促进制造业就业。第二，机器人及其技术的应用会给技术中低端的生产企业带来较大的提升空间，且机器人的执行成本较低，"资本化效应"显著。第三，市场规模的扩大会带来更大的资本投入，提升工资水平，促进制造业就业人数的增加。而且机器人产业已成为现代科技创新以及衡量一个经济体工业化水平的重要标志。从 2016 年起，"十三五"规划中已经把机器人产业作为战略性新兴产业，纳入优先发展的领域，大力推进机器人产业的创新发展。2016 年 3 月，工信部、国家发改委和财政部联合发布《机器人产业发展规划（2016-2020 年）》，提出推进机器人产业快速发展。在国家发展战略和政策引导下，越来越多的地方政府出台工业机器人发展规划，国内外工业机器人企业对中国工业机器人发展前景十分看好。

国际机器人联合会（IFR）数据显示，2020 年全球工业机器人的出货量为 38.3 万台，中国工业机器人销量为 16.8 万台，占全球近 44%，已成为全球第一大工业机器人销售国。截至 2020 年，中国工业机器人的使用已达 94.3 万台，2020 年安装量全球排名第一。机器人及其技术在现代农业、现代制造业和现代服务业中的广泛应用和加速推进，符合国家在产业升级中的发展方向。提升中国企业的市场规模和产品竞争力，对于打造新时期中国品牌有较好的促进作用，以推进中国制造走出国门。

工业机器人具有极大的改变经济的潜力。一方面，鉴于美国和其他发达经济体几十年来的生产率增长放缓，能够提高生产率的工业机器人受到极大欢迎；另一方面，由工业机器人引起的劳动力中断的冲击可能会加剧劳动力中的现有问题，包括数十年来男性劳动力参与率的下降。经济研究才刚刚开始评估这些问题。早期的研究表明，人工智能和机器人技术确实可以促进生产力的增长，并且对劳动的影响是复合型的（Furman & Seamans，2018）。但是，还需要更多的实证研究，以确认机器人是否提高生产率收益，同时更好地了解 AI 和机器人技术是如何替代或补充劳动力的。因此，Raj 和 Seamans（2017）、Mitchell 和 Brynjolfsson（2017）等学者呼吁系统地收集企业数据，以研究在制造业和服务业中机器人和相关技术带来的问题。

学术界就机器人的应用对劳动市场的影响有两方面的论述：劳动力替代效应和创造就业效应。劳动力替代效应主要通过机械化效应、管理效应、产品生命周期效应和滞后效应机制起作用。而创造就业效应主要通过价格效应、生产率效应、技术成熟效应和国际化效应机制起作用。机器人代替人工有两方面不同的观点：积极观点认为，机器人成本较低，产品生产质量稳定，环境卫生安全；保守观点认为，机器人的应用还没有形成生产线和独立的生产单元而难以发挥作用，而且要考虑综合投入产出比和社会效益。目前机器人想要替代普通人工，需要将机器人市场化、产业化，这主要包括以下几个方面：一是国家对高新技术产业化的政策支持；二是推动产学研联盟，形成系统强大的研究、开发和应用体系，加强机器人产业人才队伍建设；三是降低工业机器人的成本；四是发展与工业机器人相适应的生产线物流技术；五是积极开拓新的应用市场；六是注重对工业机器人技术普及宣传，提高社会大众对工业机器人的认知（蔡自兴和郭璠，2013）。

（三）影响劳动关系和谐程度的因素

构建和谐的劳动关系是机器人及其技术运用的内在要求，劳动关系的质量会影响企业在机器人运用方面的态度和效果。不仅和谐的劳动关系会提升企业内部对新事物的接纳能力以及相应的创新创造能力，而且积极的员工态度和公司氛围会更进一步促进员工的积极性、主动性、创造性，有利于利用机器人等技术创造更多价值；同时可以减少机器人使用时受到的干扰和不确定性，使企业有较好的机器人应用效果（汤灿晴，2018）。

劳动关系从狭义来说是劳动者、企业作为主体的雇佣关系，但政府在其中也起到了不可或缺的作用，接下来我们将针对三个不同的主体来讨论机器人及其技术的运用对劳动关系的影响。

1. 劳动者谈判力量增强

企业的劳动关系实际上是一种在法律框架下的利益博弈关系，由劳动者和企业的谈判力对比决定：当双方谈判力差距较大时，必然会导致强者对弱者的剥削，比如很多低附加值的劳动密集型企业都存在这样的问题；只有当劳资双方的谈判力差距较小、劳动者提出终止劳动关系会对企业造成较大损失时，企业才会更多让利劳动者，进行更大的利益结合，才能有和谐的劳动关系。而以机器人及其技术的使用为代表的产业升级可以提高工人的谈判力，从而出现合作博弈，促进和谐劳动关系的构建（杨观来和吴洪宇，2012）。

对于劳动者而言，机器人的应用对其提出了更高的要求，参与劳动的专业人才的劳动素质更高，工作的复杂性更高，可替代性低，在同样条件下可以给企业创造更大的利润；这时劳动者与企业之间的谈判力差距更小，其和谐劳动关系的基础也更加稳固。在机器人及其技术应用过程中，劳动者在以下几个方面获得了提升，劳动关系的和谐程度也有效提升。

一是广泛的技能提升。加快发展智能制造，促进制造业转型升级，培育经济增长新动能，抓住未来经济和科技发展新机遇，人力资源支撑是基础。技术工人是制造业的脊梁，"智能制造"对产业工人技能提出了更高的要求。引入机器人等智能设备之后，新型的生产模式要求高素质的劳动者。在生产逐步升级的过程中，劳动者的能力也应该相应地提升；企业会加强对劳动者的职业技能培训，以提高工人的综合素质。相比于对外招聘，提升内部员工与新生产模式的匹配度更能节省成本；企业通过制定有关的培训计划和激励政策，充分利用培训资源，优化培训模式，可以将员工的利益与职业技术职称、专业技能等级挂钩，深度绑定企业和劳动者的利益关系，激发职工学技术的热情。企业获得了高素质的员工，有利于企业扩大生产；员工有了新的职业技能和稳定的高收入，会有更和谐的劳动关系。

二是工人工资水平提升。随着中国跨越刘易斯转折点，企业普通工人的工资都有所增加；但是受限于经济增速放缓的现状，工资增长速度受限，加上生活成本的增加，生活压力日益加大，工资水平成为影响和谐劳动关系构建的最大问题。但是对于引入高新技术的企业，以及与人机分工高端接轨的产业，劳动者工资可能上升并达到较高水平（李兴家，2018）。

工资水平体现在两个方面：一方面是工人直接的工资水平，另一方面是与管理层工资水平的差距。在报酬水平方面，机器人及其技术在生产活动中的应用会使得其用工成本减少，对人工成本的依赖降低；但是由于企业只需要雇用较少人数的工人，所以员工的人均报酬水平实际有所增加，其中技术工人的薪资水平比普通工人要更高一些。而且由于机器人的使用提高了生产效率，工人的实际劳动时间会相应减少，加班情况也有明显减少。在工资水平差距方面，根据 Webb（2019）的模型预测，工业机器人的引入会减少员工收入不平衡。虽然管理人员与普通工人之间还存在一定的薪酬水平差距，但是管理人员与技术工人的薪酬水平差距较小而且差距并不普遍。

在应用先进生产技术之后，企业的市场竞争力进一步加强，企业的收益也会高于一般的劳动密集型企业，应用机器人及其技术进行产业升级的企业员工人均小时报酬也处于较高的水平。Bakan 和 Buyukbese（2013）指出工人的工作满意度与收入水平的提升有稳健的正相关关系。所以，报酬水平的增加也会促进该企业劳动关系进一步向更和谐的方向发展。

三是劳动条件的提升。引用机器人及其技术之后，企业的生产方式发生巨大的改变，从生产资料到成品整个过程更加自动化，减少对工人的依赖程度，工人在生产环节付出的劳动更少，操作更加智能。更重要的是，很多生产过程中有危险的环节或者对工人健康有危害的环节都可以用机器人来代替，减少工人职业病风险。对于产业工人来说，最直观的改变就是劳动环境的改善。

以棉纺智能制造工厂的挡车工为例，智能工厂中产品产量、质量、设备运转、能耗等信息实时显示在随处可见的监控屏幕上。普通挡车工的熟练工人以往最多只能负责 7 台车、7000 多个纱锭；随着工业机器人应用及相关设备信息化的升级，普通工人可以负责 20 台车、2.5 万个纱锭，工作效率提升 2 倍多。但与此同时，劳动强度却大幅降低，挡车工主要负责纱锭上的纱线断掉之后重新连接，故障识别方式从原来的靠人工巡查和肉眼识别到设备自动报警，单位时间的工作量减少了九成以上；同时生产效率提高了 50% 以上，还极大地提升了产品质量。

四是劳动合同签订和期限延长。进行产业升级的过程中，通过对新兴技术人才的招聘和对老员工的技能培训，企业在人力资本上的依赖度有所提升。新的产业工人有较高的产业素质和法制意识，"依法签订劳动合同"是各自都遵守章程制度的保障。所以，有较高的签订劳动合同的意识，更倾向于签订劳动合同；而且就合同期限而言，更倾向于签订长期、稳定的劳动合同。

以对广东省的调研为例，在签订劳动合同方面，技术密集型企业的劳动合同签订率比其他类型的企业（如劳动密集型和资本密集型）要高出 10%~20%。而且针对劳动合同的期限而言，技术密集型企业也更倾向于签订 5 年以上劳动合同，其他类型企业倾向于签订 1~3 年和小于 1 年的劳动合同。这反映了企业技术密集程度越高，劳动保护程度越高，依法签订劳动合同是对劳动者最基本的利益保护，是企业和谐劳动关系的压舱石。

五是新就业形态与用工形式的涌现。互联网时代的就业岗位更加多样化，劳动雇佣形式更加灵活，终身雇佣方式越来越少。"众包"等新兴模式的出现，对传统的劳动关系造成了很大冲击，也影响了劳动力市场的稳定性。以互联网为基础的"众包"模式打破了雇佣双方签订劳动合同、建立固定及明确劳动关系的传统劳动用工方式。传统的工作观念被颠覆，如自我雇佣、云工作、线上工作、完成任务式工作、弹性工作等非标准工作，已成为劳动世界的一部分。对于新一代劳动力来说，零工经济愈加普遍，人们通过技能而非职业来参与工作，通过在线平台独立承包公司或个人的特定的任务来获取劳务，可以为不同的客户执行不同的工作。

2. 企业管理的现代化升级

对于企业来说，引入机器人会使企业从传统的企业变成现代化的企业。机器人带来了生产力的提升，与之对应的企业要有科学的管理方式，以现代化的管理手段以及合理的结构配置来实现企业和劳动者之间的和谐劳动关系。企业在智能化升级的过程中，要尽可能地吸收高层次技术人才，加强对员工的技术培训，善于利用劳动力市场配置劳动力资源的基础性作用以加强对高端人才的吸引力。并且针对应用机器人过程中出现的新问题，加强与政府合作。

一是吸收高层次人才，促进创新驱动发展。以机器人为代表的智能制造作为先进制造技术，是制造技术和信息技术的深度融合，其对劳动力技能提出新的要求，对知识和技能的要求越来越高，对拥有多学科的复合型人才有更多的需求。机器人的应用过程会发生持续不断的劳动力转移的现象，即在减少低技能劳动力需求的同时增加对高技能劳动力的需求，促进高附加值的产业发展，延长制造业产业链，行业分工更加细化，服务型制造业兴起，提供更多的就业岗位。

二是加强员工培养，提升技能培训。企业在引入工业机器人的过程中，不可避免地会替代一部分人工。比如麦肯锡报告指出，可以完全实现自动化的职业不超过 5%，更多的是嵌入现有的生产线中，实现人和机器的协作。Raga（2019）也指出先进技术（包括工业机器人）在生产过程中的潜力是通过与熟练工人的配合而实现的。所以对于企业来说，现有员工对生产过程熟悉程度比新工人要高，可以更好地跟工业机器人完成协作，对现有工人进行技能培训不仅可以减少失业，还可以提升员工的自我成长，增强劳动关系的和谐程度。

三是提高劳动生产率。劳动生产率是单位生产要素能产生的收益，如 Koch 等（2019）认为对于引入工业机器人的企业来说，劳动生产率比未引进工业机器人阶段有显著提升。而 Bonfiglioli 等（2020）、Acemoglu 和 Restrepo（2020）分别用法国和德国工厂引入工业机器人的使用情况和劳动生产率的数据证明了引入工业机器人对于提高劳动生产率的促进效应。因此，使用工业机器人可以提高劳动生产率，有助于企业控制生产成本，提高企业绩效和产品竞争力，从而使企业获取更高的收益。由此促进创新驱动发展和供给侧结构性改革，加快经济结构转型、提升产业升级质量，增强经济增长的动能，推动中国生产率水平的整体提升，全方面推动劳动关系的改善。

3. 新发展阶段制度对促进和谐劳动关系的作用

和谐劳动关系的构建不仅仅是企业和劳动者之间的关系，因为两者权利和义务并不均衡，需要政府作为普通劳动者利益的代表者、社会关系的调节器等角色发挥更有效的作用。一般来说，政府在制度创新、社会管理、公共服务、完善的劳动力法律体系和执法能力等方面发挥作用。因此，政府会有较强的动力推动机器人及其技术在企业中更快地落地，会有较多的政策优惠来进一步降低企业的成本，保障相关产业人员的切身利益，维护劳动者的合法权益，促进机器人以及运用工业机器人进行产业升级的产业的和谐劳动关系的构建，为整个行业提供切实可行的保障（胡牧之，2018）。

进入高质量发展阶段，劳动关系越来越成为中国经济社会发展的一个重要问题。新时代机器人广泛应用趋势下，劳动关系不断出现新的特点和趋势，产业加速转型升级过程中劳动力市场的结构性矛盾进一步加剧，劳动关系治理和制度建设需要不断完善，新业态、新就业形式的劳动者权益保障等问题突出，需要正确把握相关问题的内在联系，才能为构建和谐的劳动关系提供理论支撑和科学指导。

其中劳动力市场的结构性矛盾是主要矛盾，劳动力供给结构与产业需求结构不匹配且知识型劳动力质量提升速度和产业升级速度上的差异导致产业发展无法充分利用高质量劳动力，从而制约了中国制造业竞争力的进一步提升（王志华和董存田，2012）。只有当劳动力质量及知识层次和制造业产业结构相匹配时，劳动要素的经济增长效应才能得以更好地发挥，从而提高制造业国际竞争力。所以，政府要建立健全对企业工人的培养体系，制定补贴企业进行专业技能培训等优惠政策。而且对于可能造成的结构性失业问题，Paul 等（2018）认为政府应该充分做好与就业保障相关的政策准备工作。

对于引进机器人的企业，企业管理者可能对相关的政策和知识并不十分了解。政府应该建立新的平台，牵线企业（尤其机器人制造企业）、相关的专家进行专业的评估，对企业面对的问题进行专门专项地解决，并且拿出资金来推动企业的技术改造。以高质量发展为契机，引导企业进行智能化改造，通过采用新技术、新装备、新工艺、新材料促进传统优势产业转型升级，提高创新发展能力，以旧动能催生新动能。

二　机器人技术及应用对劳动关系的消极影响

当工业机器人能够替代劳动者执行的工作任务更多且经济成本更低时，企业将大规模引进机器人以实现利润最大化，这将减少企业对劳动力的需求。因此，应用工业机器人会对劳动力产生替代效应。企业应用工业机器人等自动化设备会对程序性的工作任务具有显著的替代效应，如银行柜员等日常工作遵循一定逻辑的岗位，会造成此类工作岗位的流失（Razi et al.，2012）。基于中国制造业行业的实证分析数据显示，企业应用工业机器人将对上下游企业的就业产生显著的负向作用（王晓娟等，2022）。机器人及其技术的应用过程其实是企业从劳动密集型向资本密集型和技术密集型转移的过程，对现有的劳动力有挤出效应。企业应用工业机器人将会减少一部分制造业的就业人数，其中一线生产员工被替代的可能性更高，引进工业机器人将产生不利的影响。企业用工需求的减少会造成生产效率落后产业中的冗员和待岗歇业问题，部分产业工人会被机器人和相关技术代替，形成技术性失业群体，这些对构建和谐劳动关系均有负面的影响（胡牧之，2018）。

根据麦肯锡的预测，到 2025 年互联网的新应用可以创造约 4600 万个新工作机会，生产力提升将减少 1.3%~4.0% 的劳动力雇佣需求，相当于减少1000 万~3100 万个工作岗位（Manyika et al.，2017）。在机器人及其技术的应用阶段，会出现结构性失业。在机器人替代的行业和区域，企业在转型升级的过程中，人员的优化和对人力资源的依赖度降低会导致一部分专业技能不达标的劳动力的失业问题；在劳动合同的履行、变更和解除，以及对工伤职工、职业病职工处理过程中，容易发生劳资纠纷。如何保障失业员工的利益、促进其再就业等，需要国家、企业、劳动者多方的共同努力，对这些问题妥善处理，也是工业机器人在应用过程中保障和谐的劳动关系必须考虑的问题。

机器人及其技术的应用也影响着岗位的安全。牛津大学 2013 年发布的《未来就业市场》研究报告指出，美国 702 种工作岗位中，有 47% 的岗位在未来 20 年内会受到自动化技术的显著影响。机器人的使用，替代了许多由劳动者完成的岗位，对劳动者的岗位安全造成威胁，也导致了部分劳动者的失业。和谐劳动关系是高质量发展的内在要求。应用机器人既是中国应对出生率下降、人口老龄化和劳动力供给减少挑战的重要途径，也是促进产业升级、提高生产率和创新驱动经济高质量发展的必然趋势。工业机器人在中国制造业企业应用迅速增长，对制造业劳动关系是造成冲击，还是有助于改善劳资关系治理、提供高质量就业，这是制造业机器人自动化技术进步趋势下经济高质量发展需要探究的重要问题。

以工业机器人为代表的新技术难以均等地渗透到各行业，甚至相同行业的不同企业也难以应用同等的生产技术（蔡昉，2019）。应用工业机器人对不同类型的劳动者就业的影响也存在差异。又因为应用工业机器人对低技能水平劳动者工资的影响更为显著，这表明应用工业机器人还将导致收入不平等（Webb，2019）。机器人加速应用改变了工作任务和技能的需求，那些具备"人机互动"技能的员工，可以从企业获取更稳定的长期雇佣合同，而仅拥有常规工作任务技能的劳动者的雇佣合同则趋于短期化（余玲铮等，2021）。

第三节　机器人及其技术的应用对劳动力市场制度的影响

人工智能的普及为我们的生活带来了翻天覆地的变化，越来越多的企业将机器人及其技术引入生产过程中，这有助于改善劳动者的工作环境，同时也对劳动者的就业和工资产生了一定的影响。在上一部分，我们讨论了机器人及其技术的应用对劳动关系的影响，接下来，我们将讨论和分析机器人及其技术的应用对劳动力市场制度的影响。劳动力市场制度是一个复杂的体系，其主要构成包括与劳动相关的法律和制度以及劳动力市场政策。根据法律和制度所涉及的不同内容，劳动力市场制度大致可以分为规范就业关系的制度、社会保障法以及劳动力市场政策等（都阳，2014）。本节的分析主要借鉴该分类方式，从以下几个角度来分析机器人及其技术的应用对劳动力市场制度的影响。

一　机器人及其技术的应用对规范就业关系的影响

与就业相关的法律是劳动力市场制度的基石。机器人及其技术的应用对劳动力市场带来了巨大的冲击，与此同时，也冲击着规范就业关系的制度。机器人及其技术的应用会影响劳动合同类型的界定及劳动合同的具体内容。人工智能的引入以及广泛应用，为我们带来了新工作范式，即我们的工作单位由岗位层面逐渐转变为工作任务层面。这一新工作范式，给劳动力市场带来了诸多影响，就业岗位市场逐渐演变成工作市场，传统的基于雇佣关系的劳动力市场转变为基于更广泛的人力资本关系而建立的工作市场。新工作范式的出现，模糊了常规合同和兼职合同的界限（杨伟国等，2018）。Immervol 等（2020）认为，现有的劳动合同通常是围绕全职雇员—雇主工作关系而设计的，对于非常规工人来说，难以有效获得相应的权益，因为这些权益是以长期定期就业为前提的。在岗位市场时期，我们更依赖于常规合同来保障企业和劳动者双方的权益，兼职合同能提供的福利少，终止合同的约束也很小。机器人及其技术引入之后，岗位市场逐渐转变为工作任务市场，此时的工作形式更适用于兼职合同。但由于兼职合同不利于保护企业与劳动者双方的权益，所以这势必要求我们对劳动合同的类型及具体内容做出调整。政策制定者需要研究补充政策，鼓励企业更多地使用常规合同雇用劳动者。

机器人的大规模应用需要我们进一步完善有关岗位安全的制度建设，特别是离职赔偿、后续培训等内容。限制因机器人替代岗位带来的劳动力解雇，保障劳动者的权益，减少因机器人的岗位替代带来的失业。对于因为机器人替代岗位而失业的劳动者，也要完善相关的离职赔偿制度，以及后续的培训制度。

二　机器人及其技术的应用对社会保障法的影响

社会保障是劳动力市场制度的重要组成部分，具有调节收入分配、维护社会公平的重要作用。机器人引入企业后，替代了许多工作岗位，这造成了劳动者的失业，同时也使得收入分配不公问题更加显著，这些都需要社会保障法来进行调节，维护社会的公平与稳定。机器人及其技术的应用对社会保障法的影响主要体现在以下四个方面。

第一，机器人及其技术的应用带来了失业问题，这就需要社会保障法来保障失业者的权益。麻省理工学院和波士顿大学 2017 年的一份研究报告《机器人和工作：来自劳工市场的证据》表明，机器人使用的数量占工人数量的比重每增长 0.1 个百分点，美国就业率相应会减小 0.18 个～0.34 个百分点，工人工资下降 0.25%～0.50%。Graetz 和 Michaels（2018）的研究指出，机器人虽然没有显著减少总就业，但减少了低技能劳动者的就业份额。

机器人渗透到职场的每个角落，替代了很多传统的工作岗位，部分劳动者面临着失业的风险。这就需要社会保障来帮助劳动者分担风险，我们应该针对这些劳动者制定更完善的失业保险制度。当然，也有一些学者认为机器人及其技术的应用并不会带来大规模失业。屈小博（2019）指出，在实际调研中，中国实施智能制造的制造业企业里面，几乎没有一家企业因为采用了工业机器人就主动裁员，他们会让生产工人进行转岗，或通过技能培训，以适应企业采纳新技术所带来的工作岗位流失，提升生产工人在机器人等技术采用后所需要的技能。杨伟国等（2018）指出，人工智能对工作机会带来巨大冲击，引起结构性的替代效应。但人工智能产业的发展带来的规模效应既直接创造了工作机会，又间接促进经济增长带来更多工作机会。虽然从长期来看，机器人及其技术的应用也会带来工作机会，但短期的岗位替代以及失业是难免的。因此，通过失业保险来保障劳动者的权益是必需的。

第二，机器人及其技术的应用带来的收入分配不公，同样也需要社会保障来调节分配，缩小贫富差距。屈小博（2019）认为技术对劳动力市场影响就是新技术采纳可能会增大工资不平等。张刚和孙婉璐（2020）指出人工智能的普及会减少市场对于劳动力的需求，进而降低劳动力的回报率；同时，作为一种资本密集型技术，人工智能可以让资本的回报率大为提升。在这两方面的作用下，资本和劳动这两种要素的回报率差别不断扩大，引发了收入不公平的进一步攀升。曹静和周亚林（2018）同样认为人工智能和自动化的发展会促进生产过程中资本要素的份额提升，资本报酬增加，这会加剧收入分配的不平等。Decanio（2016）研究发现，人工智能的应用对工资的影响依赖于总生产关系的形式以及人类劳动与机器劳动的替代关系。人工智能的发展会降低工人的工资，进而增加收入不平等，除非机器人生产带来的回报在人群中广泛分配，但这种分配具体如何才能发生尚不确定。Acemoglu 和 Restrepo（2018a）认为，尽管自动化对工资的影响可能是模糊的，但它对不平等有明确的影响，特别是低技能劳动力面临的收入不平等增加，高技能劳动力会减少收入不平等。

人工智能的引入，使得资本的收入份额增加，而劳动的收入份额减少，财富进一步流入资本家的腰包，贫富差距进一步加大，这就需要适当的社会保障制度，来调节这种机器人使用带来的收入分配不公平。因此，社会保障法中，应该加入针对那些因机器人引入企业而遭受不利影响的特定人群，特别是因机器人引入而收入减少的人群的保障内容，以此维护社会收入分配公平，缩小贫富差距。

第三，机器人对于岗位的替代，除了负面的影响，也有积极效用，如提升劳保保护。从社会保障的角度来看，机器人可以替代劳动者从事高温、高空、噪声以及化工场所的工作任务，从而改善劳动的工作环境，减少劳动者工伤风险和职业病的发生率。杨伟国等（2018）认为工业机器人应用的积极成果直接关系生产力，尤其是在工业环境中，在特定任务中使用的机器人，可以减少劳动者的负担以及可能承受的危险，同时还可以节约劳动时间，增加劳动者的闲暇。我们可以看到，机器人及其技术的引入，降低了劳动者的工作风险，如果所有的高风险岗位都可以用机器人来替代，那么劳动者面临的工伤风险会大大减少。这样的话，社会保障中用于针对工伤的医疗投入可以相应减少，同时减少的这部分投入就可以用于劳动者的养老、基础医疗以及培训等其他方面，进一步提高劳动者的权益。

同时，Waring 等（2020）也指出，人工智能和自动化的出现也使得工作场所的一些死亡或伤害的责任难以界定。例如，伤害是由自动化系统造成的（如自动驾驶汽车），那责任问题可能变得更为复杂。因此，我们需要更加关注工作场所的健康和安全问题，建立更普遍适用的责任法，完善劳工监管，保障劳动者的权益。

第四，老龄化对人工智能的发展具有促进作用，自动化在一定程度上减轻了社会保障中面临的老龄化压力。Acemoglu 和 Restrepo（2018 b）认为，老龄化将导致更大的自动化，特别是密集地使用和发展机器人产业。随着老年劳动力比例的增加，人口结构的变化与机器人的使用呈现相关性，在人口结构发生较大变化的国家，自动化技术发展更迅速。这是因为工业机器人的使用与劳动生产率的提高密切相关。Graetz 和 Michaels（2018）研究发现，增加机器人使用对生产率增长的贡献是巨大的，根据保守估计，可以达到 0.36 个百分点，占整个经济生产率增长的 15%。2017 年麦肯锡发布了一篇研究报告《一个可行的未来——自动化、就业和生产率》，指出自动化可以提高生产率，帮助缩小因劳动年龄人口增长率下降而造成的 GDP 差距。目前，许多国家面临着出生率下降和人口老龄化的问题，大多数国家的就业将在 50 年内达到高峰。预计劳动年龄人口比例的下降将打开一个经济增长的缺口，在过去半个世纪经济增长来源（就业增长）中，大约一半将随着人口老龄化而消失。即使以生产率的历史增长率计算，经济增长也可能减半。自动化带来的生产率增长可以确保老龄化国家的持续繁荣，并为目前经济快速增长的国家提供额外的推动力。因此，机器人的使用可以缓解国家的老龄化压力，减轻国家社会保障的负担，可以使社会保障资金更充足。为此，我们应该抓住生产率增长的机会，制定鼓励投资的政策，促进发展创新，同时可以更好地帮助工人和企业适应自动化带来的影响。

三　机器人及其技术的应用对劳动力市场政策的影响

机器人及其技术的应用对劳动力市场政策的影响主要体现在积极就业政策上。积极的劳动力市场政策主要解决结构性失业问题，旨在改善失业者的再就业能力，提高劳动力市场的效率。机器人及其技术引入企业之后，带来了结构性失业的问题。对于低技能工作者来说，原有的工作岗位被替代，短时间内很难找到与其技能相匹配的工作，这种由工作岗位与自身技能的不匹配带来的失业，可通过积极的劳动力市场政策得到解决。程虹等（2018）研究指出，机器人对中国劳动力市场的整体替代效应为 0.3%，而且，这一替代效应对于不同技能的劳动力存在非对称的影响，非技能劳动力受到的冲击更大。周文斌（2017）认为，机器人对劳动密集型企业的普通就业岗位具有比较强的替代作用，并且对高技术人才的需求不断增加，低技能劳动者面临着巨大的就业压力。王春超和丁琪芯（2019）认为技术进步具有技能偏向性，低技能的工作更容易被自动化技术取代，导致劳动力市场对于低技能工作者的需求大幅减少，而技术进步带来的产量增加和收益增长效益会激励企业加强技术创新，从而增加劳动力市场对于高技能人才的需求，这将导致就业市场向高技能人才倾斜，引起劳动力市场的变革。劳动力市场对于高技能工作者需求增加，对低技能工作者需求减少，这造成了低技能工作者的结构性失业。机器人的使用带来的这种结构性失业问题，需要积极的劳动力市场

政策来加以调节，提高低技能劳动者自身的技能水平，改善低技能劳动
者所面临的就业状况。

第四节　机器人的应用与制度变革

机器人及其技术的应用对于劳动关系和劳动力市场制度产生了诸多方
面的影响，为了应对机器人及其技术的应用带来的各种影响，制度变革势
在必行。接下来，将从税收制度、社保制度、教育制度、就业补贴以及劳
动力市场等方面，分析应对机器人使用带来的不利影响的几种可行方案，
以期通过有效的制度变革，让我们在享受机器人发展带来的红利之时，也
能解决机器人发展带来的诸多问题。

一　税收制度

近年来，关于对机器人征税，利用税收手段促进收入分配公平的呼声
越来越强烈。税收作为调节收入分配的一种手段，可以解决机器人使用带
来的收入分配不公、贫富差距加大等问题。2016 年 5 月，卢森堡政治家
Mady Delvaux 向欧洲议会提交了一份向机器人所有者征税的提案，所征税收
用于资助因采用机器人而失业的人，对其进行重新培训以促进其再就业。
该议案成为全球首个提出"机器人税"的报告。2017 年 3 月，Bill Gates 在
接受《石英》（Quartz）杂志采访时指出，"与自动化相关的税收必然会出
现。比如，一个在工厂工作的人每年可以取得 5 万美元收入，这些收入都属
于应税收入，应缴纳所得税和社会保障税等。但如果机器人取代劳动者从
事这些工作，则应该对机器人也征收相同水平的税款"。同时，Bill Gates 认
为政府可以将征缴的机器人税用于对失业工人的培训，以帮助失业工人适
应新工作岗位的技能要求。Bill Gates 的这一观点，引起了广泛的关注和讨
论。2017 年 8 月，韩国做出减少对投资自动化企业的税收优惠政策调整，
这实际上是向机器人收税，韩国由此成为第一个推出机器人税的国家。在
这之前，韩国政府对投资工业自动化设备的企业实行税收减免，依据企业
规模不同，减免幅度在 3% ~7%。2018 年后，该项税收政策的减免幅度根据
企业规模调整为 2% ~10%，政府主要针对大型企业征收机器人税。Jane Kim

是旧金山城市主管，一直致力于积极推动在美国加利福尼亚州实施"机器人税"，并且成立了一个名为未来工作基金（Jobs of the Future Fund）的组织，着手进行实务层面的讨论。2017 年 10 月，英国工党领袖 Jeremy Corbyn 建议征收"机器人税"，他认为自动化是对工人工作岗位的"威胁"，并希望利用该税收收入为再培训人员筹集资金。Jeremy Corbyn 指出，"我们都应该从跨国企业那里受益，因为这些公司通过先进的科技赚取了大量利润"。

　　机器人税作为一种新兴的资本税，具体的课征方式仍在讨论阶段。Abbott 和 Bogenschneider（2018）在《机器人应该付税吗：自动化时代的税收政策》一文中提出了五种方案来征收"机器人税"。第一种，取消企业所得税中对资本投资的减免，目前韩国实施的正是这一方案。第二种，对使用机器人的企业征收一种额外的失业补偿税。第三种，提高对雇佣工人的税收优惠。这种做法要求当企业因为使用机器人而减少雇主对社会保障和医疗保险领域的支出时，需要相应地对雇佣工人支付一定比例的社保，可以抵消税收，以此激励企业雇佣工人。第四种，对使用机器人的企业开征自我雇佣税。对于企业通过自动化技术的应用而避免社会保障和医疗保险支出，企业应当缴纳相同比例的"替代税"。第五种，提高企业所得税的税率。通过税率的提升增加企业用于投资自动化"资本"部分的成本，进而相对减少由劳动力负担的税收比例。国内有学者指出具体的征税方案要从本国国情出发，只有最适合本国的征税方案，才是最优的选择（王婷婷和刘奇超，2018）。

　　目前，学者们对于是否应该征收机器人税，仍然存在很大的争议。支持征收机器人税的强调经济增长过程的收益应当共享，即通过税收调节的方式实现边增长边分配的理念和原则。人工智能技术使社会总财富以及企业利润增加的同时，不应损害劳动者的利益。反对征收机器人税的则强调要在确保实现经济增长的前提下，逐步改善资本、技术与劳动之间的要素分配关系，即遵循先将"蛋糕"做大再分配，或者先增长再分配的理念和原则，认为机器人税的征收不利于企业的科技创新，会抑制机器人行业的发展，也会对企业的利润产生负向影响。对机器人征税，可能会使英国《红旗法案》的闹剧重演，失去机器人、人工智能发展的大好时机，这是历史的倒退。

二 社保制度

社会保障制度作为调节收入分配、维护社会公平的重要手段，在应对机器人及其技术的应用上，发挥着重要的作用。Immervol 等（2020）提出，更具活力的劳动力市场和不稳定的就业岗位加强了社会保障的必要性。《人工智能与中国未来就业白皮书（2018）》指出，在人工智能时代，由于就业结构的变化以及知识、技术等生产要素参与分配的比重增加，群体间、行业间以及地区间的收入差距可能会进一步拉大。要应对这种冲击，现行的社会保障体系的保障功能和再分配功能显得不足，这需要进一步调整变革社会保障制度，提供更普遍的社会保障，以应对人工智能带来的冲击。

为了应对机器人使用带来的失业和收入分配不均问题，我们需要将社会保障制度的细节进行完善，保障因机器人使用而失业或收入减少人群的基本权益。同时，还可以引入新的社会保障方式。首先，全民基本收入（UBI）是一种可行的方案。它旨在无差别地面向全体公民提供无条件的现金保障。实行全民基本收入制度，可以保障因机器人使用而失业的劳动者的基本生活条件，让他们可以有充分的时间来接受技能培训或者寻找新工作，而不用担心因失业造成的家庭生活难以维持问题。曹静和周亚林（2018）认为自动化会使社会创造巨大的财富和价值，而全民基本收入政策可以使每个人达到合适的生活标准，全民基本收入的数额可以设定在贫困线附近，这样既可以使人们保持较高的消费水平、减少失业率、改善贫困和极端不平等，还有利于劳动者的身心健康。但是，全民基本收入政策的实施需要强大的资金来维持，这会进一步加重劳动者的税收负担，所以关于全民基本收入是否可行仍在争论之中。其次，社会分红计划也是一种可以考虑的方案。Noah（2018）建议，可以通过设立主权财富基金的方式来应对机器人及其技术的应用带来的负面影响。政府可以购买公司的股份，要求所有公司给政府一定比例的股份。同时，政府将股份分红用于劳动者的社会保障中，给予劳动者更强有力的保障。最后，可以将原来基于雇佣关系的社会保障制度扩展为基于工作交易本身、基于每一项细小的工作任务的社会保障制度，从工作任务层面保障劳动者的基本权益。

三　教育制度

机器人及其技术的应用造成了低技能劳动者的结构性失业。这就需要加强对于低技能劳动者的培训，加强职业技能教育，完善多种形式并存的教育和培训制度。杨伟国等（2018）认为，要提升劳动者更加专业的工作技能，通过贯通国民教育与社会教育、普通教育与职业教育、学校教育与终身教育、线下教育与在线教育的方式，完善教育制度，让多种教育方式互为补充，全方位提高劳动者的专业技能。鲍达民（2017）认为，要确保教育和培训体系与时俱进，支持对劳动力大军的再培训。政府要与职业培训学校建立紧密的合作关系，针对因自动化替代而失业的劳动者提供免费的再培训。同时应长期关注相关领域的教育，大力发展职业教育，努力消除社会大众对于职业教育的偏见，保障未来劳动力具备所需的技能。Kearney 等（2015）指出，我们要培养针对全球化急需的专门技术人才，因此，中小学教育要注重培养数学、科学和沟通交流等多种技能，高等教育要惠及更多学生，包括经济困难学生，课堂教学不能脱离劳动力市场的需求，要培养更多的管理者、专业人员和企业家。这不仅是适应全球化的要求，也是第四次工业革命所需要的教育模式。Wilcox 和 McMurran（2019）指出，随着工作内容的变化，许多职业要求具备新的技能，教育和培训系统必须积极响应，既要准备好未来所需的劳动力，也要支持现有个人的终身学习需求。要为每个学生提供基本的技能，让他们在迈入职场后可以更好地适应工作，同时也为学生提供可行的职业生涯指导和长期的经济保障。

四　就业补贴

在新技术革命浪潮下，机器人、人工智能应用越来越广泛，不仅仅是体力劳动的工作被机器替代，制造业中重复性操作技能的工作，以及服务业中股票交易员、会计人员和客服人员等一些程序性的工作也在逐渐被机器人和人工智能所替代。这一现象不仅使发达国家的蓝领和部分白领工人面临挑战，同时大多数发展中国家的普通工人也面临工作岗位会被机器人替代的挑战。

政策制定者可以通过降低劳动者的个人所得税税率方式，鼓励就业，并探索可以替代的融资方案，减轻劳动者的负担，或者对于不同工作岗位的劳动者采取不同的所得税税率，以鼓励那些因自动化而面临失业和收入降低风险的低技能劳动者积极就业。Furman 和 Seamans（2018）认为，我们可以为劳动者提供大规模的就业补贴，创造工作激励，提高劳动报酬，获得补贴的前提是劳动者拥有工作。就业补贴会产生一定的财政成本，需要政府采取合适的融资方式，同时也要注意行政成本的问题。就业补贴作为一种激励措施，表明工作仍然是社会支持的核心，可以在一定程度上缓解人工智能带来的就业压力。

人工智能发展趋势下应对技术性失业应成为政策制定部门必须要关注的重要问题。由于机器人替代人工首先发生在工业部门，如果自动化把劳动者从生产率较高的制造业部门替代转向生产效率较低的消费服务业部门，必然伴随着劳动者工资的下降，这将产生对劳动者技能学习的负激励，增大技术与技能的错配，制约劳动生产率的提高。应对技术性的失业既是一个历史现象，也是一个持久的话题。生产力发展中，必然存在没有能力掌握新技能又要为生存挣扎的劳动者，关注并为这部分技术变革脆弱群体提供就业补贴和就业保护，就显得尤为必要。

五 劳动力市场

为了应对机器人及其技术应用带来的影响，我们需要建立更高质量的劳动力市场。Wilcox 和 McMurran（2019）提出，要建立现代化的职工保障体系，使所有工人可以更加便利地获得必要的资源和服务，以适宜的工资进入劳动力市场。经济部门可以划分为前沿技术经济部门、传统经济部门和非正规经济部门，鼓励传统经济部门和非正规经济部门的人加入前沿技术经济部门中，可能是解决人工智能应用带来的各种问题的有效路径。前提就是要建设高质量的劳动力市场。高质量的劳动力市场有几个特征，包括自由的就业形态、对劳动者技能表现形式的包容、促进就业的人工智能信息平台、支持性政策以及配套的基于公民基本权利的收入保障制度。要想建立高质量的劳动力市场，需要采取以下几个措施。第一，要大力发展在职培训；第二，要建立智能化的就业平台和就业促进平台；第三，要推行新型的薪酬制度；第四，要针对脆弱人群设立新型社会关系网；第五，要开展更加紧密的国际合作。

第二章

机器人、人工智能对劳动力市场的影响

　　人口老龄化是全球面临的共同挑战。中国当前也经历着劳动力绝对数量下降、劳动力老龄化等人口结构变化，传统的人口红利消失已成定局，这促使经济发展动能转换，走上创新驱动道路，脱离"微笑曲线"的底端。自 21 世纪以来，以人工智能为代表的第四次工业革命正在悄无声息地演进，当前处于第三波人工智能浪潮中，人工智能技术已开始广泛渗入诸多领域，以前所未有的速度重塑人们的生产生活方式，给就业和经济增长带来史无前例的挑战与机遇。类比于人工劳动力，机器人相当于人类的躯干，而人工智能是机器人的"大脑"，大数据则是人工智能的"养料"或"食物"。数字经济席卷而来，保证了"养料"的储存和输送。通过大数据的训练，机器将模拟人脑思维认知功能，形成人工智能。这意味着人工智能不仅可以完成低技能要求的机械性工作任务，甚至可以胜任中等或高技能的工作任务。与此同时，机器人与人工智能的广泛应用也将因规模效应和互补效应创造出新的就业岗位。

　　当前，人口老龄化趋势有增无减，机器人的使用量逐年增加，人工智能的流行势不可挡。对劳动力市场而言，每一次技术进步的来临，都将引致劳动力需求发生快速且巨大的变化，劳动力供给却因人力资本的投资回报周期较长而难以跟上变化的速度，这必定会对就业、工作技能要求和人力资本回报等造成冲击。因此，分析机器人与人工智能对劳动力市场产生的影响尤为重要。本章将依据现有文献，探讨机器人和人工智能给就业、人力资本回报带来的影响，明确随之而来的工作任务转变和发展趋势，并将新技术革命与以往技术进步进行对比，阐明其对劳动力市场影响的特殊之处，并提出政策建议。

第一节　机器人、人工智能与工作任务和技能

机器人、人工智能带来的自动化新技术革命实现对传统常规工作任务和工作岗位的替代，那些从事"可被编码"的重复性工作任务的工人最容易被替代。World Economic Forum（2018）调查的企业数据统计结果显示，2018 年机器可以完成的工作占到当年工作的 29%，但到 2022 年，预计机器可以完成的工作将多达 42%；即人的工作仅占到所有工时的 58%，而 2018 年时，71% 的工时仍由人完成。理工科学生取得四年学士学位时，他们在刚入学时所学的内容有近 50% 将会被淘汰。这意味着旧职业消亡、新职业诞生，传统岗位也在变异、演化成新的复合型职业。利用"人工智能红利"对传统产业进行转型升级，广东和江浙正在推进"机器换人"，从生产、流通到销售都日趋数据化、智能化，一些企业在过去 3 年间减少了 30%~40% 的劳动力[①]。

事实上，综观历史，我们不仅能见证无处不在的自动化，而且能见证不断产生新的工作任务为劳动力创造就业的持续过程。第一，被机器替代的劳动者可以产生一个更大的劳动力供给，用于新的工作任务的就业；第二，自动化技术产生的生产效率效应——凭借减少工作任务的生产成本，自动化增加了非自动化工作任务的劳动力需求（Autor，2015）。例如，Bessen（2015）讲述了一个生动例子——ATMs（automated teller machines）对银行出纳员就业的影响，他认为 ATMs 降低了银行运行的成本，因而促使银行开设更多的分支机构，从而增加了银行不能被 ATMs 自动化取代的专业

---

① 数据来自《人工智能与中国未来就业白皮书》。

出纳员的就业需求。生产效率提高会促使更高真实收入，产生更大的消费需求，包括很多没有被自动化的产品和服务。因此，来自其他产业更大的需求会抵消自动化的负面替代效应。

　　从理论模型来归纳，劳动力相对成本超过某一水平会迫使企业实施生产的自动化，即采纳机器人技术，或者将就业机会转移到成本更低的国家去（见图 2-1）。这意味着，中国制造业从劳动密集型的低成本制造业向技术密集型的高成本制造业的转型，不仅面临与发达国家劳动力成本高、资本密集型的生产者竞争，而且必须与亚洲和东欧等地区的劳动力成本适中、技术密集型的生产者展开竞争。这种成本的降低要么通过自动化在企业内部实现，要么通过市场竞争间接地实现。当然，这是中国人口红利消失、老龄化日益严重现实背景下必须面对的挑战。而人工智能正是应对这一挑战、促进生产率增长的重要路径。除了提升生产力之外，AI 不断发展也将创造新的产品和服务，提供新的岗位和工作任务。就像信息技术催生互联网经济而产生了许多新的职业一样，人工智能也将带来相似的变革。

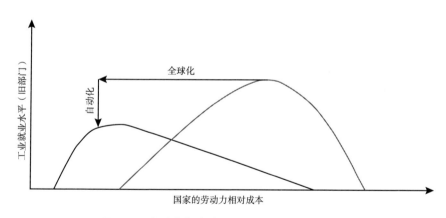

图 2-1　自动化与全球化对工业就业产生的影响

　　机器人和以 AI 为主的新技术的兴起带来了许多新的工作，正在改变着劳动力市场。与以往技术进步不同的是，AI 将替代更多的工作岗位，这是由于跟体力工作任务一样，AI 也增加了对智力工作任务的自动化替代。一方面，人工智能不同于以往的自动化技术和计算机提高工作效率的模式，

AI利用机器学习，依据通用的学习策略，可以读取海量的"大数据"，从中发现规律、联系和产生新洞见，能够根据数据的更新自动调整，不需要重新编程，从而使人工智能获得了人所具有的归纳、推理和决策的能力[①]。而且深度学习更将AI的这一能力推向了更高级的层次。另一方面，是由AI技术进步降低了价格成本而促生的新工作岗位和职业需求。AI在教育、健康、设计产业领域的广泛应用，会创造新的就业机会需求。以教育行业为例，以目前的技术，给很小部分的学生提供私人教育项目和个性化指导的服务，用户需要支付高昂的教育成本，但是AI的应用可能使这种教育资源变得更大众化[②]，在这个过程中创造了更多的教育职业需求——督导监测、设计和私人教育项目的执行工作任务。相似的工作岗位和职业需求在居民健康管理和老年人照料服务行业同样快速增长。

以机器人、AI为主的新技术革命不断刷新工作任务，带来工作任务的变化，改变着对技能的需求，新技术革命正在重塑工作所需要的技能。技能成为劳动力市场供需匹配的关键。比起职业和学位来说，技能更能反映需求和供应，因为职业所需的专业知识和技能变化越来越快，学位往往在获得时就已经过时。当前的技术变革步伐是遵循以技能为基础的方向，而不是以学位为基础的动态变化的劳动力市场。领英（2018）统计全球6.3亿人员的数据技能信息，认为这些人员拥有超过35000项技能。根据领英的这些数据信息来识别那些在某个领域比其他领域更普遍的技能。过去四年增长最快的10个职位都是中高级管理职位，涵盖客户服务、营销、财务、产品、运营等职能[③]。其中，增长最快的技能可以分为以下四类：（1）市场营销和客户服务等功能性技能，体现的是交流能力；（2）领导力等软实力技能，体现的是分析和交流能力，对应的是非常规分析型工作任务；（3）社交媒体等数字技能，对应的是认知和交流能力；（4）英语等增值技能，对应

[①] 这里强调的人工智能技术通常由四个部分组成，认知（语言处理、计算机视频和音频处理）、预测（如对特定顾客的定向广告预测其行为和结果）、决策（路线规划、新药研发、动态定价）和集成解决方案（自动驾驶、机器人手术），这些对工作任务和工作岗位将产生深刻的影响。

[②] 2018年中国在线教育市场规模达到了2500亿元。

[③] 曾经不为人所知的小众职业，如今已经变得习以为常。比如，五年前，许多人在互联网站工作的人会自称为网站编辑，而如今他们中的很多人成为新媒体运营总监。

的是认知能力。这些技能类别需求增长表明，越来越多的技能与新技术革命紧密联系在一起。因此，政策制定和就业促进部门需要将技能作为分析变量，为就业决策和劳动力市场制度的调整提供有效的分析工具，帮助劳动者为未来做好准备，同时提高当下的应变能力。

　　新技术变革总体上改变了三类技能的需求（Acemoglu & Autor，2011）。第一，无论是发达经济体还是新兴经济体，对非重复性认知技能和社会行为技能的需求都呈现上升的趋势。第二，对重复性工作任务所需要的具体工作技能的需求呈现下降的趋势。第三，对不同技能类型组合需求也在增加，要求劳动者具备能够提高他们适应能力的技能组合能力，从而能够适应自己的工作。这些变化不仅体现在新工作取代旧工作，而且体现在既有工作技能组合的变化上。工作岗位需要的不再是单一的专业技能，而是需要认知能力、沟通技能、社会行为能力以及语言和计算机等操作技能的组合。因为非重复性任务要求劳动者具备分析技能、人际关系处理技能或者对灵敏性要求很高的手工技能，比如团队工作、关系管理、人员管理和护理工作等，对从事这些工作的工人，机器人可以发挥辅助作用，协助工人更高效完成工作任务。Autor 和 Dorn（2013）研究指出，教育、设计、艺术、研究活动、团队管理、护理工作和清扫卫生等工作难以实现自动化，机器人很难复制这些技能与工人展开竞争。即使在一个特定的行业内，技术对从事某项工作所需技能的影响也正在发生变化，但是这一变化并不总是朝着人们期望的方向发展。例如，智利 2007～2013 年推广采用管理客户群和企业运营的先进计算机软件，技术应用导致企业对从事抽象性任务的工人降低了需求，却增加了对从事重复性手工操作任务工人的需求量（Almeida et al.，2017）。因此，就业中就会出现将技术工人重新分为行政和非技术生产工人的现象。

　　AI 对未来工作和职业的影响是政策制定者及时了解哪些职业需求是新技术创造的、哪些职业是不断被替代的以及这些职业变化所要求的技能概况，以便为那些职业能力不断下降的从业人员确定未来的职业道路。新技术革命的一个显著特征就是随着技术应用规模的不断扩大，新技术的成本降低，催生新部门和新工作任务的兴起，这会在一定程度弥补传统领域和常规就业岗位的减少，但新技术将改变这些工作岗位不断演变的方式。针对技能需求变化的准确判断，有助于教育和培训机构调整相应的培训内容及定位。

第二节   机器人和人工智能对就业岗位的影响

从经济发展的历史角度来看，技术进步从来都是一个创造性破坏的过程，其在对现状造成威胁的同时，也催生出崭新的事物。当前关于机器人和人工智能技术变革对就业影响的研究结论不尽一致。但不得不承认的是，技术的更迭将直接吞噬一些职业，使其不复存在，也将严重挤占某些工作岗位，同时还催生出新的职业类型，即就业替代效应和就业创造效应并存。但二者孰强孰弱，尚无定论，也是现有研究争论的核心之一。据 IFR 统计，2017 年全球机器人使用量高达 381335 套，较上年增长 30%。即使受中美两大机器人使用国的贸易冲突影响，以及汽车和电子两大机器人应用行业经营遇冷，2018 年的使用量仍在增长，达到 422271 套。

历次的技术进步都展示出对某些行业的彻底颠覆，使得相关职业消失在历史的长河中，例如马车夫、接线员、胶片洗印师等。在今天，人工智能还未走进千家万户、普遍应用于各行各业，但技术的快速迭代和全面普及，必将淘汰一些简单且标准化程度高的职业。以仓储管理为例，利用人工智能，仓储平台将逐步实现自动化管理，意味着对从事该职业的劳动力需求大大降低，甚至不再需要。2017 年仓储管理就业人数已下降了 36%，录入员、速记员等也呈现快速负增长。

某些职业的彻底消失可能是一个漫长的过程，但机器人和人工智能将在短时间内对就业岗位产生猛烈冲击，即存在就业替代效应。譬如，美国在 2005~2014 年的制造业传统工作岗位数量缩减约 50%，且在接下来的 20 年里，将有 47% 左右的岗位被自动化，而 OECD 国家的这一比例约为 57%。对于中国，则有约 45% 的城镇劳动力可能被替代，总人数高达 1.65 亿，若再加上农村私营和个体，将达到近 2 亿人。以上的预测数据都是根据 Frey 等（2017）的"职业基础法"测算出来的，替代比例均较高。但若使用"工作任务基础法"，所得结果则相对乐观。相较于以职业为对象考量替代效应的"职业基础法"，"工作任务基础法"考虑到每一种职业都存在工作任务异质性，且不同工作任务被替代的概率不同，使估计结果更加精细化（Arntz et al.，2016）。那么，就业替代效应的具体表现有哪些？

劳动年龄人口从事的职业可按照被自动化、电脑化替代的可能性以及实际工作需要分为常规操作性、常规知识性、非常规操作性和非常规知识性。机器人和人工智能替代的大多是常规性职业，这些职业一般具有工作任务可重复性高、不需要过多思考、较少运用人类特性等特点，例如体力劳动者、流水线工人、客户服务人员等（Hoang & Trang，2020；Novella et al.，2020）。由于其技能要求较低，工作任务有明确边界，可以按照预先设定模式实现自动化，且人工智能技术基于大量数据集还可实现自我迭代，常规性职业易被技术绑架，从而被替代。如果进一步出现高技能自动化，将倒逼高技能劳动力与低技能劳动力展开竞争并替代后者，而低技能劳动力则面临失业（Acemoglu & Restrepo，2018a）。人工智能还可以与其他技术展开协作，例如物联网、3D打印、区块链、量子计算等，这将产生巨大的变革能量，在人们还未适应新变化的同时，取代数以百万计的工作岗位。那么，就职于这些易被替代的工作岗位的劳动力有何个人特征？以中国这一发展中国家为例来进行观察：首先，从性别来看，目前常规性就业仍占据主导，而男性从事常规操作性工作的比例高于女性，2015年该比例达到66.5%，因此男性受替代效应的影响更大；其次，从年龄段来看，由于刚进入劳动力市场的年轻人尚未熟练掌握所需技能，壮年和老年劳动力学习新技能的能力较弱，因此这两个年龄段的劳动力更容易被替代，如图2-2所示；最后，从受教育水平来看，学历较低的劳动力往往从事生产、文书等常规性工作任务占主导的职业，较学历高的劳动力来说更易被替代（Autor，2019）；本研究实际调查也得到相同的结果，如图2-3所示。

此外，从国际贸易和劳动力国际流动来看，机器人和人工智能较早应用于发达国家，在利用"机器换人"降低企业生产成本、影响本国就业的同时，也提升了产品的国际竞争力，实现出口扩张，进而减少其他国家的国内产出和就业机会。对于中国来说，人工智能的替代过程可能长于发达国家。首先，虽然中国劳动力的绝对数量和相对比例呈下降趋势，但劳动力成本较发达国家仍较低；其次，与自身相比，中国劳动力成本涨幅较大，"机器换人"在很大程度上是被倒逼的选择，主要用于缓解劳动力供给不足，

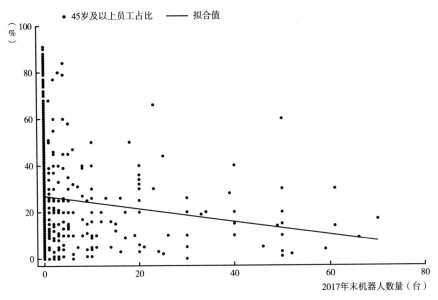

图 2-2　机器人使用量与 45 岁及以上员工占比

资料来源：根据 2018 年中国企业—员工匹配调查（CEES）数据计算。

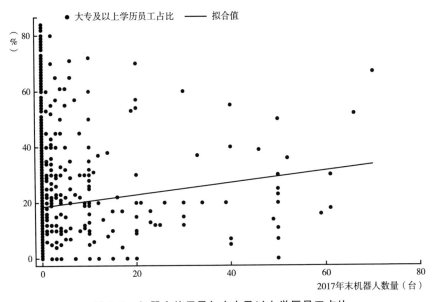

图 2-3　机器人使用量与大专及以上学历员工占比

资料来源：根据 2018 年中国企业—员工匹配调查（CEES）数据计算。

而非完全替代；最后，人工智能的大范围普及还有待技术的进一步成熟。同时，中国第三产业的发展潜力仍较大，在未来 20 年有 10%～20% 的提升空间，且其中的大多数行业均为劳动密集型，这使得该产业将发展为最大的就业蓄水池，以容纳被替代的劳动力，降低发生快速和大规模失业的可能性（见图 2-4）。

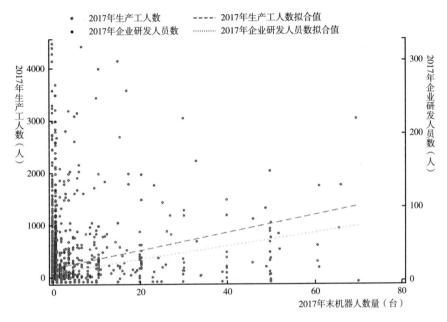

图 2-4　机器人使用量与企业生产工人和企业研发人员数量

资料来源：根据 2018 年中国企业—员工匹配调查（CEES）数据计算。

尽管当前人工智能技术的变革速度前所未有，但有研究表明，即使是处于技术领先地位的美国也仍存在大量低技能工作，并需要大量体力劳动者，且人口结构变化正在增加 36～55 岁中年人口的稀缺性（Acemoglu & Restrepo，2018 a），而自动化对该群体的替代率最高。另外，通过调查发现，大部分现有岗位并不需要拥有过高计算机技能的劳动力，也不认为人工智能技术的应用对工作产生了巨大影响。即使技术已相当成熟，但若技术吸收率较低，仍会减弱替代效应。这说明，技术进步并得以普及是一个循序渐进的过程，替代就业是必然趋势，但不会瞬间完成，且人工劳动力也不可能被完全替代。

机器人和人工智能技术在产生就业替代效应的同时，也将派生和创造新的工作岗位和工作任务以增加劳动力需求，即就业创造（World Bank Group et al.，2019）。有研究基于企业层面数据表明，机器人等技术的应用增大了雇员流动规模，也促进了雇员数量的上升（Dixon et al.，2019）。在近 20 年间，美国的工程师、经理、金融从业人员等对技能要求较高的职业增长迅速。根据普华永道的相关研究，中国可能在未来 20 年里创造出 9000万个就业岗位，但大多分布于健康医疗领域等服务业行业。就业创造大致可通过两种途径实现：一是原有岗位的增多，二是全新岗位的诞生。就途径一来说，由于较廉价的机器替代了劳动力，单位产品的生产成本即价格降低，人们的相对收入增加，这不仅会扩大对自动化部门产品的需求，还会扩大对非自动化部门产品的需求；在市场机制的作用下，企业将扩大生产规模，增加劳动力需求。就途径二来说，人工智能技术的不断发展，不仅可以提升现有产品的质量，还将创造出全新的产品和服务，为广大劳动力提供前所未有的工作机会，推进人机合作。随着数字经济时代的到来，在线办公、平台就业以及零售电商等异军突起，产业数字化和数字产业化是必然趋势。这些新的岗位空缺需要大量拥有高技能的劳动力去填补，人机混合智能将成为典型模式。举例来说，在金融服务业中，人工智能技术将创造出技术型、运营型和业务型三类就业岗位，对劳动力的创造力、情感沟通能力和复杂问题解决能力提出了更高要求。在医疗服务业中，人工智能可以进行诊断辅助，为医生"赋能"，减轻其工作负担，提高诊疗效率和水平。在美国，沿海地区首先增加了新的社交工作任务，且东北地区的劳动力所掌握的社交技能与之相匹配，获得的回报率较高，相对其他地区产生工资溢价。Hoang 和 Trang（2020）还总结出虚拟现实、无人机等 13 个新工作领域和 AI 数字营销专业人员、AI 商业策略咨询师等 6 种与人工智能密切相关的新职业。从全球经济环境来看，工业机器人和人工智能技术变革发生在宏观经济活力减弱的时期，产生的就业创造效应有利于吸收失业工人，对冲就业替代效应，缓解就业问题，助推经济发展。

机器人和人工智能技术的就业替代效应和创造效应是一枚硬币的两面，共同影响着就业现状和变化趋势。基于不同的估测方法，各项研究估计出的面临流失风险的工作岗位比例相差较大，例如日本最低为 6%，最高则高达 55%，且新技术在投入使用期间会遇到经济、法律和社会等方面的障碍，这对分析技术进步对就业的总影响造成一定困难。不过，大多数研究都坚持 AI 不会对就业产生较大冲击的观点，即对就业的总影响是偏中性的，大多数职业会发生改变而不是被自动化。从经济发展水平来看，对于 OECD 发达经济体，特别是英国、德国和韩国这样的工人人均机器人密度很高的国家，尽管机器人普及率已相当高，但就业率仍然居高不下；对于中国等发展中国家，自 20 世纪 80 年代以来形成了全球化分工，即使在"最危险"的工业部门，其就业比例也呈稳定状态。从经济发展时期来看，在短期，受预期寿命延长等人口老龄化特征的影响，人们会做出适应性行为，增加劳动力供给，从而抑制新技术的普及和深化；但在长期，若技术得以充分发展，投资成本下降，将会替代更多的劳动力，也会创造出更多的工作岗位，不过这一过程将很漫长。历史经验也表明，技术进步创造的工作岗位总体上是多于其淘汰的工作岗位的。若从微观的劳动力技能水平来看，机器人和人工智能技术将增加高技能劳动力的就业，但对中低技能劳动力的影响不明确。

对于发达国家而言，低技能劳动力首当其冲面临就业危机，其所从事的职位更容易被替代，但替代程度仍较轻（Graetz & Michaels，2018）。对于发展中国家而言，有研究运用秘鲁的雇主调查表明，企业对低技能工人的需求几乎没有受到影响。但是，根据世界银行的相关研究可知，在高收入国家和大部分中低收入国家，常规性任务密集型的中等技能就业占比下降，而高技能和低技能就业占比上升，形成"就业极化"。在全球化进程中，高收入国家将低技能和中等技能的工作岗位引流到某些中低收入国家，使得中等技能工作岗位的数量不一定下降。与之相类似的是，Jerbashian（2019）利用西欧 10 国数据，认为信息技术价格的下降导致中等工资就业人员比例下降且高工资就业人员比例上升，对低工资就业的影响则不明显，在分性别、分年龄和分教育水平组中也有类似的结论，但在组内群体中有显著差异。例如，较男性而言，女性高工资就业人员比例上升或中等工资就业人员比例下降的涨幅高 50%。

总之，机器人和人工智能技术在宏观上对就业的总影响是相对温和的，且这一影响过程是漫长的。基于微观角度来说，AI 对于具有不同特征的劳动力的影响各不相同，但易被替代的劳动力将遭受严重打击，在转岗或调岗过程中也会遇到技能阻碍，易引发社会问题。因此，有必要分析技术变革带来了哪些新的工作任务，即劳动力需要掌握哪些新技能以应对就业危机。

第三节　机器人和人工智能技术带来的工作任务变化

技术变革必定会对就业产生影响，而净影响究竟如何还未有定论。因此，为了尽可能减少转岗和换岗等就业摩擦，缩小负面影响，探究技能需求和工作任务的改变显得更为紧迫。企业的生产都是按照一定的要素配比进行的；当出现新技术时，企业往往会有新的成本更低的方案可以选择，所以对劳动力的工作技能要求也会发生变化（Ure & Skauge，2019）。随着机器人和人工智能技术的日趋成熟，工作任务的更新不可避免。根据领英的相关研究，在理工科学生完成四年本科学习，最终获得学士学位时，他们曾经学过的课程知识可能有近一半会被淘汰，且学历的高低与是否掌握未来就业所需的工作技能没有必然联系。那么，机器人和人工智能带来了哪些工作任务的变化？

Hoang 和 Trang（2020）总结出了 24 种在未来实现就业的必备技能，包括移情和主动倾听、关注集体利益等 11 种社交技能和创造力，数据分析等13 种专业技能。这是因为非重复性、认知性、社交性等相对高级的工作任务需求增多，例如管理和科学研究等（见图 2-5 和图 2-6）。同时，不容易被自动化的重复性工作任务也在增多，例如配送快递和餐饮服务等。而那些常规性的重复性强的工作任务正在逐渐交予人工智能完成。例如，在税收征管领域，人工智能的应用不仅可以厘清税收来源、防止漏报错报，还可以有效进行税收征管、调控，降低税收成本，提高税收效率（Liu，2019）。在教育领域，人工智能可以减轻教师批改作业、课堂板书等重复性工作量，使教师专注于知识传授、情感交互、兴趣引导等工作任务。类似地，人工劳动力可以监管机器工作，从而从事更有创造力或发挥自身核心竞争力的工作。另外，各职业工作任务的变化给管理人员的工作也带来很大挑战，因为管理从事非常规认知性等工作的工人与管理从事常规体力性等工作的工人可能有实质性的不同。

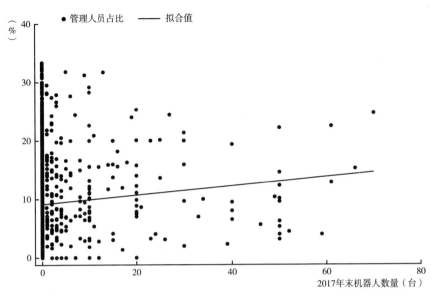

图 2-5　机器人使用量与办公室管理人员占比

资料来源：根据 2018 年中国企业—员工匹配调查（CEES）数据计算。

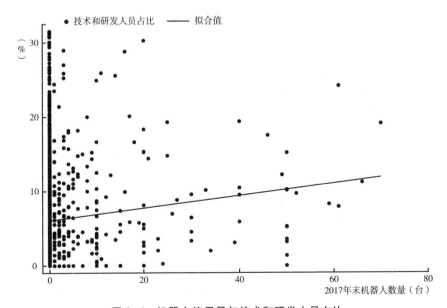

图 2-6　机器人使用量与技术和研发人员占比

资料来源：根据 2018 年中国企业—员工匹配调查（CEES）数据计算。

在未来的就业中，某一职业的工作任务不大可能是单一的，而是会越来越多元化。当下中国最热门的新兴职业都与新技术有关，但大多还需要管理和沟通。这说明既拥有精通新兴技术等"硬技能"又拥有领导力、协作能力和战略规划等"软技能"的复合型人才，将成为劳动力市场不可多得的人力资源。而对未来的大部分职业来说，快速适应变革将是工作任务中非常重要的一部分，这需要时刻对新生事物保持好奇，具备问题导向意识，利用批判性思维思考并解决问题，取其精华，去其糟粕。

高学历劳动力从事非常规就业的比重逐年下降，说明当前教育体制所传授的工作技能与科技创新需求仍有较大差距。工作任务的变化是迅速的，劳动力掌握的技能却不能及时改变。因此，劳动力市场上会发生劳动力和工作岗位的错配，致使生产率下降，还面临着结构性失业的风险。由于中国第二产业的就业比例仍较高，人工智能造成的冲击可能较严重，亟待进行劳动力市场改革以适应技术进步。

第四节　机器人和人工智能对人力资本回报的影响

本章第二、三节讨论了劳动力需求因技术进步发生的内在变化，其在劳动力市场上的最直观表现是人力资本回报的变化。从短期来看，机器人和人工智能的应用极有可能降低工资水平。Acemoglu 和 Restrepo（2017 a）基于机器人和人类劳动力相竞争的工作任务模型，估算出发达国家若在每千名工人中投入使用一个机器人，就业人口比将降低 0.18~0.34 个百分点，工资率将降低 0.25~0.50 个百分点。估计值的上界和下界是依据劳动力流动范围的不同计算出来的。对于中国来说，机器人的应用每增加 1 个标准差，劳动力被雇佣的概率相对平均值降低 5 个百分点，小时工资率降低 7 个百分点（Giuntella & Wang，2019）。另外，根据以上分析可知，技术变革可能会减少对中等技能劳动力的需求，而扩大对低技能劳动力的需求，这将导致两种结果：一是工资水平较低的低技能劳动力在劳动力总体中占比上升，拉低整体平均工资；二是即使中等技能劳动力未被替代，仍在原岗位工作，也往往面临工作日数量的减少，五年累计工资收入损失约占一年收入的 11%，且只有一部分的损失能由各种福利制度补偿（Bessen et al.，

2019）。不过，若有国家政策的大力支持，可能会有不同的结果。有数据显示，整个华盛顿的工资中位数都有所上升，工资增长主要出现在收入最高和最低的工人中。而收入较低的初级职位之所以能够实现工资增长，正是源于国家最低工资的提高。从长期来看，若储蓄率较低，传统资本是劳动力更重要的补充要素，且自动化产品与劳动力生产的产品替代性很强时，机器学习能力将超过人类，从而降低年轻劳动力和未来劳动力的福利水平。反之，若自动化产品与劳动力生产的产品替代性较弱，随着技术逐步成熟，人们的相对收入有所增加，对劳动力生产的产品需求就会上升，进而使工资、储蓄和生产进入良性循环，实现可持续增长（Sachs et al., 2015）。

机器人和人工智能的发展还会加剧收入不平等。技术变革若扩大对高技能和低技能劳动力的需求，减少对中等技能劳动力的需求，则会由"就业极化"进一步导致"工资收入极化"（见图2-7）。发达经济体中的诸如机器操作等中等技能行业向外转移，与中等技能劳动力匹配的岗位减少，中等技能劳动力自身也难以提升技能水平来获得非重复性岗位所需的高级

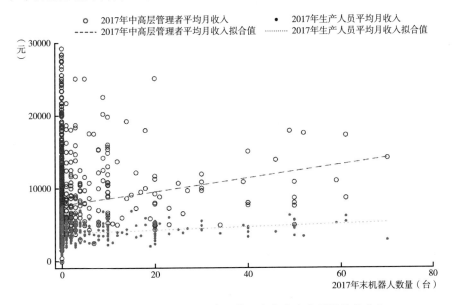

图 2-7　机器人使用量与中高层管理者和生产人员平均月收入

资料来源：根据 2018 年中国企业—员工匹配调查（CEES）数据计算。

技能岗位，导致其就业机会集中于低技能职业。同时，中等技能劳动力的加入，加大了低技能就业的竞争性，使低技能职业的工资水平也下降，进一步拉大收入差距。例如，阿里巴巴已在其移动支付应用中启用了人工智能客服，客服等相关职位的需求将减少。由于欠缺"数字技能"，财富分配的天平可能会远离这些劳动力。另外，虽然低技能和高技能的岗位需求均上升，但实现的方式有所不同。低技能岗位的增加主要以生产规模扩大的方式实现，而高技能岗位的增加主要以新岗位创造的方式实现，使得高、低技术部门劳动收入差距年均扩大 0.75%。人工智能技术在资本和非技术密集型地区的收入分配效应尤其突出，对劳动和技术密集型地区的影响也不断增大。在诸如 IT 之类的行业中，各个级别的工人都因技术变革有所受益，但收入位于最高五分位数的比最低五分位数的增长更快。Webb（2019）认为，在工资分布中，位于中部（10%～90%）的将趋于均等化，而位于两端的则继续走向极端化。不过，若人工智能技术在长期内发展得更加成熟，能够对高技能就业产生威胁时，高技能岗位的自动化将削弱工资收入的不平等。此外，基于国际分工视角，少数国家可能凭借较早地研发数字化新产品，创造新的工作岗位，从而获得大部分利益，这也造成了国家间的分配不公。

第五节　机器人和人工智能技术变革的机遇与挑战

基于上述分析可知，机器人和人工智能将对就业、工作任务和人力资本回报产生影响。首先，由于就业替代效应和就业创造效应同时存在，又相互对冲，对就业的净影响不甚明朗，但目前来看没有造成很大冲击。其次，非常规性、认知性、社交性等工作任务增多，不容易被自动化的常规性工作任务也在增多，某一职业的工作任务内涵趋于多元化，兼具"软技能"和"硬技能"的全面人才将会成为劳动力市场的主要需求对象。最后，技术进步在短期内可能会降低工资水平，但在长期内，若能找到人机合作的互补点，则能实现收入持续增长。另外，由于中等技能劳动力就业受到较多挤压，低技能劳动力的工资收入增长又慢于高技能劳动力，收入差距或将增大。可以预见的是，机器人和人工智能的应用与历次技术浪潮相同，最终都将提高生产力，造福人类社会（Arduengo & Sentis，2021）。

历次技术变革都基于实物经济的土壤发生，对劳动力市场的影响基本遵循"技术进步—生产效率提高—需求扩展与多样化—生产专业化分工—更多就业机会"的逻辑。而人工智能的发展催生出新的经济形态，极大地推动数字经济、知识经济的形成。与以往的技术进步相比，人工智能替代了更多的管理工作，不仅可以完成日常体力性工作任务，还可以完成以前被认为不可能自动化的认知性活动，蓝领和白领阶层都将受到潜在失业的影响，说明其影响目标可能包括受教育水平较高的、拥有高技能的劳动力，且基于理论角度、经验角度对新兴技术进行粗略预测，即使人工智能不会取代劳动力，仍然可能造成重大不利影响（Furman & Seamans，2018）。另外，在知识经济时代，信息、数据和知识的地位越来越重要，拥有这些优势的企业将很快确立市场地位，成长为"独角兽"，这可能会恶化社会分配结构。不过，人工智能释放的市场活力和专业化分工的细化，也为再分配的公平提供了可能。人工智能的发展还将使受教育水平较低的、拥有低技能的劳动力难以通过传统的在职培训等方式恢复竞争优势，因为当前技术变革的速度之快前所未有。例如，城市中未取得本科学历的劳动力相对于获得学历的来说，其工资水平明显低，即使是在高工资城市中从事中等技能工作，也受到一定程度的就业挤压。第四次工业革命的特点是深度不确定性、信息不对称性，并有现有权力加剧失衡的趋势。这增加了这样一种风险：即使是精心设计的政策干预措施，也无法充分激励行业为变革做好充分准备。更广泛地说，这些特点也使决策者更有可能无法通过制定合理的标准以保护弱势群体。因此，政府应及时开发新的、反应迅速的监管方法，以更好地发挥政府职能（Waring et al.，2020）。应及时识别哪些是最可能被替代的工作，帮助相对应的劳动力获得新技能以适应新变化，实现就业形态的平稳转变。特别地，对于中国而言，过去几十年的低劳动力成本使中国成为世界工厂，制造业得到大发展。人工智能技术的兴起一方面有可能减少外包给中国进行加工的订单；另一方面，即使仍需要中国代加工，劳动力成本的上涨也将制约制造业的发展，进一步地削弱吸引跨国企业的优势。因此，中国可能将承受更大的打击。但是，未来十年也是中国人工智能发展的一个黄金窗口期。在这一时期，原先发展滞后的服务业快速扩张，就业蓄水池容量较大，劳动力绝对数量也开始减少，这将在很大程度上缓冲人工智能带来的劳动力市场冲击。此时，若政府能够把握好相关政策设计，扩大技术进步积极影响，尽量削弱消极影响，则将变挑战为机遇。

首先，应优化劳动力市场政策，减少就业摩擦。技术进步将淘汰一些岗位同时创造一些岗位，加速就业形态的转变。政府应对产生的就业影响进行精细化研究，对不同行业、不同群体甚至流水线不同环节受到影响的差异进行研究和趋势判断，扮演好"中介服务"的角色，定期向企业收集关于技能需求的信息，发布在相关就业服务平台上，促使求职者和空缺岗位的匹配更高效。提高劳动力市场政策的灵活性也很重要。比如，随着大规模就业替代发生，应该适当减慢最低工资标准的提高速度，以免因劳动力成本过高使被替代者更易进入失业状态。另外，并非所有工人都能平等地从技术进步中受益，低技能劳动力可能将面临更艰苦的工作条件。因此，应完善相关法律法规，例如，减少每周最长工作时间，提高工作场所安全标准，增加应对新型劳资纠纷的解决办法等。

其次，应加强教育培训，完善终身学习体系。人工智能技术对现有许多职业都造成威胁，在未来的就业中，一个人一生只从事一份职业的可能性大大降低，人们口中的"铁饭碗"将越来越少。因此，只有活到老学到老，拥有终身学习的意识和能力，不断积累工作技能和经验，才能在劳动力市场上游刃有余。当前，已被替代或面临替代风险的劳动力的现有技能难以满足空缺岗位需求，在校生在课堂上学习到的知识也滞后于技术进步。这意味着普通教育和在职培训均应受到重视，缺一不可。在普通教育阶段，中国应尽可能消除教育的地区差异，统一一般基础性技能的培养标准；增设人工智能一级学科，储备人工智能专业人才；逐步进行课程和教学改革，更注重创造力、认知能力、数字技能和社交技能的学习；完善多层次高等教育体系，通过减免学费等方式普及高等教育。在职培训则主要服务处在技术变革前沿阵地的职场人士，其目的性往往更强，就是要提升那些难以被自动化的以及终身学习必备的技能，例如新加坡的"技能未来"计划。中国应完善技术和职业教育培训体系，有针对性地设计培训方案，对处于不同年龄和拥有不同工作经验的正在经历工作转型的工人，做出更迅速的反应，特别要对低技能劳动力给予适当倾斜，建立全面的终身学习体系。例如，对于完全不识字的群体，实行成人扫盲计划；对于有创业需求的群体，实行创业计划等。需要注意的是，健全高质量的职业培训体系，不仅需要高质量的培训内容，还依托于适当的行业标准、良好的市场结构和有效的市场监管。准入门槛过低、小机构占比过高、市场监管缺失，将导致激烈且无序的竞争，无法集中有效资源提升质量。

最后，应完善社会保障制度，促进收入再分配，满足劳动力的基本需求，保护劳动力的基本利益。若劳动力未能成功实现就业转型，失业保险等社会保障制度政策将起到兜底作用。根据世界银行的研究，平均而言，新兴经济体中2/3的工人是非正式工人，从事非正规工作，他们没有退休金、没有健康或失业保险福利，没有正式工人可以获得的社会保障待遇。尤其在人工智能时代，收入差距将进一步拉大，现行社会保障体系的保障功能和再分配功能显得不足。在未来，应补充基本收入制度这一最低社会保障方式，并征收机器人税以实现收入再分配。基本收入制度是无条件地为相当一部分人口甚至是所有人提供经济支持的社会援助。这种制度对经济总体的溢出效应较大，将保证人们的最低生活水平，对于贫困人口意义重大，但该制度不可避免地将降低工作对人们的吸引力。作为替代方案，还可以通过改革累进税制，分配补贴、代金券或提供奖励进而引进更高的最低社会保障标准。而对于征收机器人税，实则还是向机器人拥有者征税，其本质是资本利得税。无论是人工劳动力还是人工智能机器人生产出的产品，都应该纳入征税范围，合理运用再分配政策以防止绝大部分财富流入少数资本所有者手中。

除了以上三个方面，政府还应审时度势，顺应技术发展潮流，通过财政激励、技术帮扶和培训等方式大力扶持创新企业和对新技术的应用，推动企业运用数字技术实时收集员工的绩效数据，实行灵活工作时间制度，但同时也要把控好自动化、智能化的扩散和渗透程度，规划好"人工劳动力配额"，例如，通过法律规定保姆必须由人工劳动力担任等，避免过度推崇新技术。另外，还应推进其他技术创新以配套使用，以免错失最优生产效率。

第三章
中国机器人发展现状、制造业升级及国际比较

　　以工业机器人为代表的第四次工业革命将颠覆传统制造业产业结构。此次技术革命，中国第一次与其他国家站在同一起跑线上，对未来中国发展将起到深远影响。本章从基本理论、国际经验和中国情况三个角度梳理和分析了工业机器人与制造业产业升级关系，并根据分析结果提出相关建议。在理论方面，制造业产业升级与工业机器人应用相辅相成，一方面制造业产业升级需要工业机器人助力，以应对人口老龄化等趋势影响，另一方面工业机器人发展有利于提高生产效率，促进产业升级。新技术突破更是扩展了制造业范围，创造了新方向。在国际经验方面，各国工业机器人发展过程中都表现一定共性，对于工业机器人而言，人口因素推动增长，经济和科技提供支撑，后发国家增长更快，未来也存在出现"机器人老龄化"的可能。在中国情况方面，中国制造业工业机器人总量飞速增加，人口老龄化和人力资本提升是其持续增长的重要原因，不同行业应用情况相差巨大，高技术和高附加值产业正在快速增长。在政策建议方面，政府应当明确定位，发挥市场决定性作用；利用创新驱动工业机器人和产业升级，提高全要素生产率；把握机遇，增强国际地位；产业政策坚持适度原则，避免企业过度依赖或形成垄断，为应对未来创造性毁灭做准备。

第一节　工业机器人与制造业产业升级

制造业是实体经济的主体，是立国之本、兴国之器、强国之基。随着工业 4.0 时代到来，机器人在制造业中扮演着越来越重要的角色，被称为"制造业皇冠顶端的明珠"。根据国际标准化联合会的定义（ISO8373：2012），工业机器人是一种自动化控制的、可重复编程的多功能机械装置，该装置具有三个及以上的关节轴，能够借助编制的程序处理各种材料、零件、工具和装置，执行工业自动化任务。具体而言，相较于传统机器设备，工业机器人有五点不同：第一，可编程，改变工业机器人功能无须拆卸设备，仅通过编程便可实现；第二，多任务，设备改装后可在不同任务中应用；第三，可拆卸，能通过拆卸改变机械系统（机械系统不包括存储介质等）；第四，多关节轴，通过关节轴来改变机器人线性运动或转动；第五，可固定或移动，既可被安装在固定点上，也可在非固定点上使用（IFR，2020a）。工业机器人这些特点改变了制造业传统形态，给制造业产业升级带来了新机遇和新动力。

回顾历次工业革命，制造业产业升级的过程往往也是国家发展兴盛、国际秩序重构的过程（克劳斯·施瓦布，2016）。蒸汽机的发明和铁路建设将人类带入第一次工业革命，制造业中机器开始取代人力生产；第二次工业革命以电气、燃油的使用为标志，制造业开始流水线化生产，人与机器结合更加紧密；第三次工业革命核心是半导体、电子计算机和互联网等技术的发明与运用，制造业形态发生了彻底变革，技术创新能力更强的美国和日本引领制造业方向（Xu et al.，2018）。

随着第四次工业革命到来，数字世界和物质世界相互交融，机器人开始接手"脑力劳动"。一些工作曾被认为只有人类才能进行，而现在人工智能等新技术毫不留情介入其中，取代人类的工作，甚至比人类做得更好。大量研究从产业结构和技术创新两个角度，分析了制造业产业升级如何引致工业机器人的需求，工业机器人又如何促进制造业产业升级的过程。工业机器人以一种灵活的方式融入制造业中，不仅加快了传统制造业产业升级，也为制造业产业升级带来了新的方向。

一 传统产业结构升级

产业结构升级推动经济不断增长，而经济发展水平的变化又对产业结构不断提出新的要求（徐朝阳和林毅夫，2009）。制造业产业升级是指企业从生产劳动密集型的低价值产品转向生产资本密集型或技术密集型的高价值产品的过程，工业机器人的应用从需求和供给两方面对传统制造业产生影响，为产业升级提供了新机遇和新动力。

（一）要素价格变化增大了工业机器人需求，为产业升级提供了新机遇

虽然颠覆性技术不断出现，但科幻小说中人类被覆灭的场景并未出现，科技依然是推动和服务全球经济社会发展的主要动力。Frey 和 Osborne（2017）预测在 20 年内美国 47% 的劳动者将被机器人替代，世界银行的报告中也认为未来 20 年里 OECD 国家将有 57% 的工位被自动化。但是上述预测和担心只考虑到了技术上实现的可能性，未考虑到现实中成本的可行性。工业机器人应用并非源于技术狂人的个人偏好，而是利润最大化目标下企业和市场的内生选择。

工业机器人是否应用、如何应用、应用多少，取决于工业机器人的边际生产率及其在生产中与其他要素的相对价格（Acemoglu & Autor，2011）。企业以追求利润最大化为目标，在激烈的市场竞争中，只有生产力最发达、技术最先进的企业才能存活。企业必须不断学习先进技术知识和管理经验，保持创新突破，降低成本，若机器人的相对价格较高，厂商仍会使用劳动力或其他资本进行生产（Arntz et al.，2016；Das & Hilgenstock，2022）。在发展水平较高的国家，资本较为充裕，劳动力成本是限制产业升级的主要因素（Shapiro & Mandelman，2019）。随着全球老龄化时代的到来，员工工资在企业成本中比例越来越高，突如其来的新冠疫情更是进一步加剧了劳动力短缺（Shen et al.，2020）。

面对要素价格的变化，许多国家选择增加使用工业机器人。Acemoglu 和 Restrepo（2018 b）发现在人口老龄化的国家没有发生大幅衰退，这是因为正在经受剧烈人口变化的国家也更容易接受自动化技术，使用工业机器人减缓了国家经济下滑速度。陈秋霖等（2018）认为，当前人工智能发展属于"诱导式创新"，面对人口老龄化带来的劳动力不足，经济体会更多使

用以机器人为代表的智能化生产，对劳动力进行"补位"而不是"挤出"。

（二）科学技术突破增大了工业机器人供给，为制造业升级提供新动力

第四次工业革命加快了技术更迭，技术进步扩展了工业机器人应用场景，降低了机器人使用成本。更多劳动力可以从危险、低价值的工作中解放出来，向价值更高的工作任务中转移，为制造业升级提供新的动力。

苛刻的环境条件限制曾是机器人推广受限的重要原因，受益于视觉和空间感知等技术发展，工业机器人应用范围大幅拓宽。图像识别和人工智能技术的突破使得工业机器人可以在普通车间中，甚至生活环境中与人类共同工作，制造业企业大规模采用工业机器人成为可能（王田苗和陶永，2014）。技术突破也让机器人使用成本和技术门槛大幅降低，2019年工业机器人均价下降到了36900美元（IFR，2020a），不断下降的成本使得工业机器人不再被限制于发达国家和高利润行业，发展中国家机器人的身影也越来越常见。随着技术的成熟，机器界面越来越直观，操作越来越简单，这降低了对工人人力资本的要求，工人不需要特殊的编程和外语能力，只需要经过一段时间的培训也可以熟练地操作机器。随着机器人变得更有适应性、更便宜、更容易编程，工业机器人将被更多地引入中小型工厂，促使产业不断升级（Das & Hilgenstock，2022）。

机器人的使用也有助于工人价值朝更高的方向转移。工业机器人能以极高的精度、一致的质量和标准昼夜不停地工作，并执行越来越多的"4d"（枯燥、肮脏、危险、精细）任务，减少工人损伤的概率，提高工作安全性和工作满意度（Daugherty & Wilson，2018）。工业机器人上的智能传感装置可以提供很多之前无法获得的数据，对工程师和企业管理者提供辅助信息，帮助他们更好决策（IFR，2020b）。研究表明，采用机器人可以使工人转向更高技能非常规的任务，如生产规划和监督（Acemoglu & Restrepo，2018c）。这也让一些年纪较大的工人能保持高效生产，对人口老龄化的国家格外重要。

二　产业升级的新方向

除传统制造业的改变外，工业机器人更加突出的特点是对脑力劳动的替代（Xu et al.，2018）。工业机器人为制造业创造了许多新工作和新任务，往往这些工作有着高技术、高附加值的特点，突如其来的新冠疫情更是加速了这一过程。

（一）新技术带来新的工作任务

在工业4.0时代的生产中，工作场景离散化、环境复杂化、不可控因素多发，对机器人的要求不再局限于自身灵活性，互联和智能成为产品重要发展方向，技术创新也围绕着物联网、人机协同和人工智能等方向重点展开。虽然工业机器人在制造业中已经出现了很长时间，但直到5G、图像识别、机器学习等技术成熟，产生一些新工作任务和应用，工业机器人才得到快速发展。

通过传感器和内置软件，智能工厂中机器人可以和其他机械设备互相联系起来，通过一个执行单独的外部控制器便可控制所有机器。生产运营过程中的数据可以实时传输到终端，人工智能可以不断处理这些孤立的数据，并与供应链、客户服务以及其他企业的数据结合对比和分析，辅助决策者做出更好的策略，创造更多的价值（Chen et al.，2017）。模拟仿真和数字孪生技术能在计算机中模拟生产过程，工程师不需在机械上实际运行便可直接调整参数进行实验，寻找生产优化方法，再根据计算结果改变机器人的运行方式，大幅降低了实验成本，提高了产品迭代速度（Kritzinger et al.，2018）。

人与机器人的合作更是开辟了机器人应用的新领域。因为新一代协作机器人配备了视觉和力传感器等智能功能，可以直接安装在当前的生产系统中，与人类一起安全工作，执行码垛、部件搬运、组装、拣料和弧焊等任务（IFR，2020b）。工业机器人高度自动化重新改变了工作任务的范围，取代了许多被认为只有人才能进行的工作，同时创造了许多新的工作任务（Acemoglu & Restrepo，2019）。例如工业机器人系统操作员和工业机器人系统运行与维护人员等新职业产生，让制造业拥有更多附加值和技术含量。

（二）全球性的新冠疫情加速了工业机器人的推广

虽然工业机器人在制造业中使用已有很长时间，但仍主要集中在高技术含量产业和大型工厂，先进技术大范围推广应用通常需要很长时间，突如其来的新冠肺炎加快了这一进程。

新技术应用时，生产前期需要大量成本并且承担一定风险。由于国家之间和行业之间情况相差很大，机器和技术引进后不一定可以直接投入使用，而需要进行一定的适配和改造（速水佑次郎和神门善久，2003）。并且在工业机器人相关要素市场未成熟的情况下，配套零件设备、特定技术工人可能需要投入额外成本才能找到，机器的使用也会给企业制度和员工管理带来新的挑战。因此，由于成本障碍或风险厌恶的心理，许多公司会延缓使用工业机器人。新冠疫情突发打破了原有均衡，改变了企业犹豫的心态，决策者不得不加快工业机器人投入以应对疫情冲击。

针对此次疫情传播性强和波及全球的特点，工业机器人提供了良好的解决方案。新型冠状病毒极高传播性特点要求人员之间保持一定的距离，给工厂工人生产造成了困难，各地封锁政策更是加大了招工难度，此时自动化技术优势格外明显。在工厂生产和物流运输方面，机器人不受隔离政策和社交距离政策的影响，不需要额外健康防护措施依然可以不间断工作，采用工业机器人的工厂在生产上有巨大优势（Shen et al.，2020）。外部冲击之下，许多从未用过自动化技术的企业开始尝试采用工业机器人投入生产，以减少生产中劳动力的需求（陈洁和吴淑萍，2021）。疫情下工业机器人应用范围不断拓展，企业在此过程中也从劳动密集型向资本密集型转移，技术含量不断提高，客观上实现了产业升级。

覆盖全球是本次新冠疫情的另一大特点。国际贸易让所有产业紧密链接在一起，许多产品产业链分布全球，但同时任何一国生产停滞也会对产品生产造成巨大冲击。疫情不断反复期间，各国复工速度不同，许多公司都尝试将遍布全球的产业链收缩回移，以降低风险保障生产稳定。产业链收缩后，一方面日本美国等国不能再享受发展中国家劳动力成本低廉带来的好处，只有不断提高生产力才能继续保持国际竞争力（Alvaro et al.，2022）；另一方面工业机器人资产专用性低、生产灵活的特点得到凸显，遭受冲击后工厂可以快速调整，以更强的韧性应对病毒和市场冲击（IFR，2020a）。

三　工业机器人前景

第一次工业革命以来，新发明、新技术的采用不断改变着人们生产生活方式，推动着制造业向前发展。随着技术的飞速发展，制造业从机械化、劳动密集型向智能化、资本和技术密集型升级。机器人主要用于执行人类难以完成或者有一定危险的任务，如焊接、金属切割等；也有许多与人类一起工作，完成搬运零件和产品整理等工作；更重要的是机器人已经开始可以分析决策、智能化生产，并创造一些新的任务和工作。总而言之，工业机器人已经嵌入制造业生产的每一个环节中，成为新一轮制造业产业升级不可缺少的一部分。

工业机器人作为工业革命 4.0 时代的代表，技术含量高、应用范围广。一方面，全球人口老龄化趋势难以逆转，传统制造业主观上需要以工业机器人为代表的新技术助力转型升级；另一方面，新技术突破增加了工业机器人适用场景和供给能力，工业机器人不限于发达国家和高利润行业内部，在中小型工厂中越来越常见，突然暴发的新冠疫情更是加快了机器人推广的速度。制造业升级的需求促进了工业机器人发展，工业机器人进步也推动着制造业产业升级，二者相辅相成，在第四轮工业革命中发挥重要作用。

第二节　工业机器人应用的"卡尔多事实"与国际经验

虽然国家之间要素禀赋情况不同、发展方式各异，发展过程中却常常出现一些相同的现象和规律。"卡尔多事实"在经济学中是特征事实的学术代名词，Kaldor（1961）总结了 20 世纪经济发展的六个普遍规律，被称为"卡尔多事实"。随着经济社会发展和技术水平不断进步，原有的"卡尔多事实"也在不断发展，有了更加丰富的含义。本节主要通过国际机器人联合会（International Federation of Robotics，IFR）的工业机器人数据与世界银行的世界发展指数数据库（World Development Indicators，WDI）相结合，提出机器人领域的"卡尔多事实"。IFR 每年会公布世界工业机器人情况，包括分国家、分行业和分应用的机器人新安装量和运行总量，其数据由世界主要机器人供应商的一手数据和一些国家机器人联合会提供的二手数据结合而来，一手数据和二手数据互相验证补充，数据质量好、信度和效度高，是科学研究中机器人数据最常用的来源。

国家间比较时，主要有总量和人均量两种比较方式。新技术刚发生突破时，技术尚未成熟，作为幼稚产业虽有发展潜力但利润率不高，广大的市场是其存活和改良的必要条件。如果只考虑机器人密度，将忽略规模效应。因此，本节在总结国际经验部分主要使用机器人运行存量和增量的绝对值，表示使用工业机器人的强度，重点分析影响机器人在国家中应用的因素。

由于工业机器人存在技术含量高、制作难度大的特点，其应用情况在国家之间差异极大。2019 年，世界最大的五个工业机器人市场依次是中国、日本、美国、韩国和德国，共占全球安装量的 73%。而中国是工业机器人运行存量最多的国家，占全世界的 29%，超过了美国和日本之和。因此，本节将聚焦中国、日本、美国、韩国和德国这五个国家，并结合世界整体的数据，对工业机器人应用的共性进行总结归纳，得到五条"卡尔多事实"，并将国际经验与中国情况进行对比，为中国制造业工业机器人应用以及产业升级提供一定参考。

一　人口结构的变化是诱发工业机器人应用增长的重要原因

随着预期寿命的增长，人口老龄化成为世界各国面临的共同趋势，也是工业机器人应用快速增长的主要背景，这一特点在经济发展水平较高的国家中更为明显。虽然世界人口总数仍然在增长，但增速已是 1950 年后最低水平，所有国家都面临老龄化的问题，并且趋势难以逆转，劳动力不足将成为长期现象（United Nations，2019）。大量研究认为，工业机器人可以对劳动力产生替代作用。有学者预测，未来 47% 的工作可以由自动化技术完成（Frey & Osborne，2017），工业机器人的使用将减少重复性工作对劳动力的需求（Acemoglu & Restrepo，2019）。随着人工智能技术的进步，机器人不仅可以替代常规的重复劳动，也能替代各种复杂的"脑力劳动"（蔡昉，2019）。

严峻的人口形势下，许多国家加大了应用工业机器人的脚步。Acemoglu 和 Restrepo（2017 b）的研究表明，人口变化较快的国家更倾向于使用工业机器人。人口数每减少 1%，机器人密度增长率上升约 2 个百分点，人口增长较低的国家将会较早引进机器人和自动化技术（Abeliansky & Prettner，2017）。

IFR 的数据验证了这一点。如图 3-1 所示，2008 年之后中国、美国、日本、德国和韩国都经历着不同程度的人口老龄化，老年抚养比不断上升。其中，日本情况最为严重，2009 年日本 33.72% 的老年人口抚养比已远高于其他国家，随后更是一路飙升，2019 年达到 47.12%；而 15~64 岁人口占总人口的比例从 2009 年的 64.73% 下降到 2019 年的 59.42%。面临着严峻的人口负担，各国都选择提高工业机器人使用量减缓压力。

五个国家中，机器人安装量与老龄化程度都呈现明显的正相关关系，老年抚养比越高，15~64 岁人口占比越低，制造业新增工业机器人数量越高。例如，面对不断严重的老龄化，日本 2009 年的工业机器人新安装量为 12536 台，2019 年为 47122 台，增长了 275.89%。从图 3-1 中可以看出，虽然五国面临老龄化程度不同，工业机器人安装量不同，但两个指标之间斜率相近，说明各国面对人口因素的反应存在共性。

根据文献总结和数据分析，归纳提出第一个"卡尔多事实"：人口结构的变化是诱发工业机器人应用增长的重要原因。

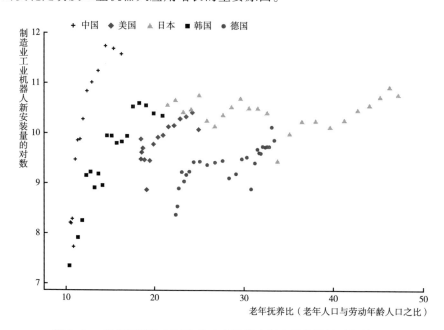

图 3-1a　老年抚养比与制造业工业机器人新安装数量的对数的关系

资料来源：根据 IFR 和 WDI 数据整理得到。

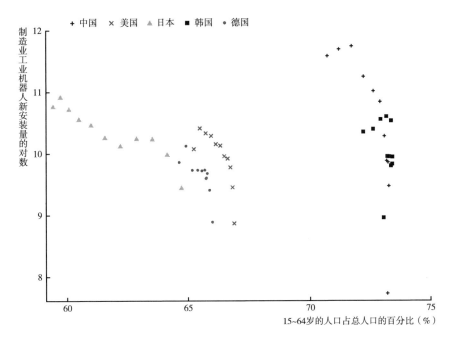

图 3-1b　劳动年龄人口占比与制造业工业机器人新安装数量的对数的关系

资料来源：根据 IFR 和 WDI 数据整理得到。

二　工业机器人运行存量与经济体量呈正相关

工业机器人的应用是第四次工业革命的重要组成部分，但如同之前历次工业革命，技术创新并不会同等渗透到每一个国家（蔡昉，2019），只有经济体量足够大的国家才能负担工业机器人持续运行。

2019 年，在工业机器人市场中，中国、美国、日本、韩国和德国五个国家使用机器人数量最多，占总产量的 73%，其余 70 余个国家仅占 27%。在这五个国家中，除韩国 GDP 排名第 11 外，其他机器人运行存量前四名的国家也占据了世界 GDP 前四名。工业机器人作为高端制造业的代表，技术含量高、产业链长，并非直接买入即可。维持设备良好运转需要一系列配套的设备、人员和环境提供支持，机器人运行数量与整体经济状况密切相关。

图 3-2 直观地展示了制造业工业机器人运行存量的对数与国家 GDP 的对数之间的关系。除日本外，伴随着各国 GDP 的增长，机器人运行存量也

不断升高，并且斜率相近。比较特殊的是日本，1993~2019 年，日本 GDP 一直在 5 万亿美元上下波动，有增有减，机器人运行存量也一直在 30 万~40 万台徘徊，并未表现出明显的趋势。对于日本而言，1993 年工业机器人运行存量就已经达到 368017 台，接近第二名德国的 9 倍①，机器人制造业很早就达到了高水平阶段，紧接着却是"失去的三十年"。错过第三次工业革命后，日本制造业立国的神话破灭，经济持续停滞（梁颖和陈佳鹏，2013）。虽然日本工业机器人仍在第一梯队，但存量一直维持在之前水平未能有进一步增长。

因此，根据其他各国发展趋势和日本的负面案例，可以提出第二个"卡尔多事实"——工业机器人运行存量需要经济体量支撑。

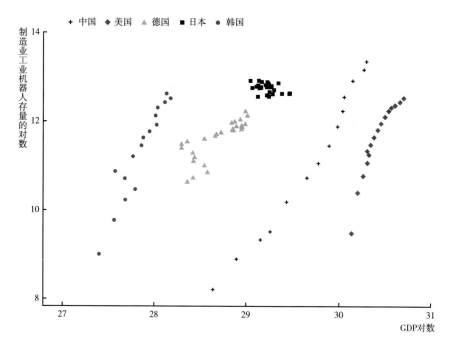

图 3-2　各国 GDP 对数与制造业工业机器人运行存量的对数的关系

资料来源：根据 IFR 和 WDI 数据整理得到。

---

① 虽然因为年代过于久远，IFR 的数据可能有误差，但并不影响日本在工业机器人领域的绝对优势。

三　工业机器人运行存量需要依靠一定的研发实力支撑

第四次工业革命基于信息物理融合系统，将分散的传统行业联系起来，产生新的产品和服务（乌尔里希·森德勒，2016）。因此除了新技术，传统工程学在工业 4.0 中有着更重要的意义，科学技术的积累是制造业工业机器人发展的基础。

在工业机器人产业中，变革并不会同时、均等、无偏地发生在所有产业之中。技术突破源于龙头企业的长期积累，应用领域则主要发生在高技术产业，而各国会根据比较优势有所侧重（邓仲良和屈小博，2021）。在技术创新方面，针对工业革命中不同需求，各公司根据自身特点聚焦不同环节。例如，日本川崎公司在机器人手臂领域、发那科公司在协作机器人领域、中国联想公司在机器人感知和决策等领域都有着显著优势。在应用数量方面，汽车制造业占据了工业机器人全部安装量的 28%，电子仪器制造业以23% 的比例紧随其后，这些技术含量较高的产业也是工业机器人使用量较多的地方。但是各国情况会有略微不同，例如在中国，附加值不高的纺织业新安装机器人比例远高于其他国家，中国在纺织业具有比较优势，作为"世界工厂"，中国具有巨大的市场，使得中国纺织业工业机器人使用率较高。

研发人员数量是一个国家科技实力的象征，图 3-3 清楚地展现了研发人员数量与制造业工业机器人运行存量的对数之间的关系。除日本的研发人员和工业机器人存量都未发生大幅变化外，其他国家都显示出显著的正相关关系，并且趋势十分相近。另外值得一提的是，研发人员数量情况与国家制造业地位基本相同，中美两国明显高于其他国家并且在不断增长，而日本虽然水平较高但陷入了停滞状态。

综上所述，我们提出第三个"卡尔多事实"：工业机器人运行存量需要依靠一定的研发实力支撑。

四　工业机器人应用呈现后发优势

后发优势是指后起国家在推动工业化上的特殊有利条件。虽然先进技术应用天然偏好经济体量大、研发实力强的行业和国家，但对其他国家而言，可以直接使用研发成熟的技术，学习借鉴管理和协调模式，减少很多

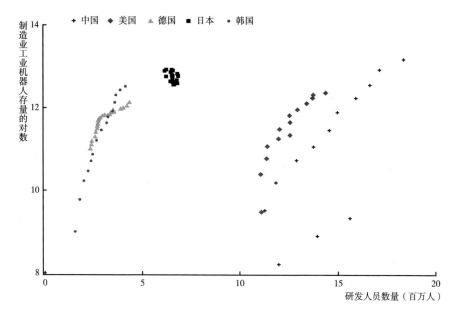

图3-3 研发人员数量与制造业工业机器人运行存量的对数的关系

资料来源：根据 IFR 和 WDI 数据整理得到。

探索和试错成本，可实现更快地增长（林毅夫和张鹏飞，2005）。

与其他技术相同，探索、采用新型工业机器人通常需要大量的前期研发成本和运行试错性成本。未实现大规模生产前，产品利润率低，产业链上下游容易受阻，一些零件必须定做或者以极高的价格才能买到，相关研发人员和能够操作的工人更是难以找到，这也是制造业工业机器人存量需要经济和科技双重支撑的原因。

而对于后采用技术的国家而言，工业机器人已在其他国家经过多轮迭代更新，能够稳定高效生产，并且机器人公司会提供较完善的技术指南或技术顾问帮助其解决生产中遇到的问题，安装机器人的交易成本大幅降低。许多机器人制造厂商与使用者正在加快制造业生产系统内机器人的兼容性，以便技术可以在国家间较快转移，因此后发国家往往可以实现更快增长。例如，欧洲在 2014~2019 年制造业工业机器人年均增长 7%，发展较低的中欧和东欧年均增长达到了 18%，而西欧和北欧仅有 5%（IFR，2020a）。

由于本节着重关注制造业较少应用工业机器人的国家如何追赶，需要一定数量工业机器人运行存量较少国家的数据，因此在本节使用 IFR 数据库中 70 余个国家的数据进行回归分析，以验证后发优势是否在工业机器人行业中也存在。图 3-4 是制造业工业机器人运行存量对数和增速之间的散点图和拟合曲线①，二者之间存在显著的负相关关系。为进一步确认相关性的来源，将工业机器人增速和工业机器人运行存量对数进行回归，并进一步研究国家固定效应和时间固定效应，结果如表 3-1 所示。第一列未控制任何变量，是制造业工业机器人运行存量对数和增速之间直接回归的结果，工业机器人运行存量对数每少 1%，增速将增大 5.2%。第二列是控制了国家固定效应的结果，第三列是控制了时间固定效应的结果，工业机器人运行存量对数和工业机器人增速之间依然是负相关，且在 1% 的水平下显著。结果表明，无论是同一时期的不同国家之间，还是一个国家的不同时期，制造业工业机器人运行存量对数越低，增长速度越快。

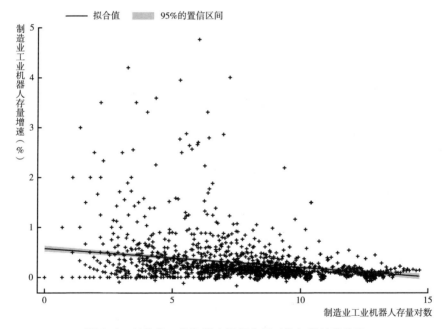

图 3-4　制造业工业机器人运行存量对数与增长率关系

资料来源：根据 IFR 数据计算得到。

①　去除了增速在 5% 以上的特殊值。

表 3-1　制造业工业机器人运行存量对数与制造业工业机器人运行存量增速的关系

指标	增速	增速	增速
机器人运行存量对数	-0.052 *** (0.007)	-0.245 *** (0.057)	-0.045 *** (0.008)
国家固定效应		已控制	
时间固定效应			已控制
样本量	1485	1485	1485
R^2	0.019	0.125	0.084

资料来源：根据 IFR 数据计算得到。

根据以上分析，可以提出第四个"卡尔多事实"——工业机器人应用存在后发优势，即运行存量较低的国家增长速度更快。

五　工业机器人也会迎来老龄化阶段

虽然工业机器人是应对人口老龄化的重要手段，但其本质仍是一种资本（邓仲良和屈小博，2021）。如同人类会进入老年阶段，资本也会不断折旧，一定年限后，维护正在运行工业机器人成本将会很高。

机器人的运行存量衡量的是目前仍在运行工作的机器人数量。除日本机器人协会（JARA）提供了日本的具体数据外，IFR 假定工业机器人平均运行 12 年，达到年限后立即报废，即工业机器人运行存量等于 12 年前至今工业机器人每年安装量之和。尽管不同用途的机器人使用年限有很大差异，国家对于报废的规定也各不相同，但工业机器人的折旧、老化和维护是不可避免的损耗。在机器人安装初期，技术先进运转良好；但随着时间的推移，新技术的出现使得机器人相对生产能力下降，长时间使用也导致出现故障的概率大大增加。如同人口结构，国家大量采用工业机器人初期处于人口红利阶段的年龄结构，生产效率高，折旧费用少；但新安装的机器人在若干年后临近报废时会形成一个"回声"，现在安装的工业机器人越多，未来需要花费越多费用才能保障其正常工作，或者大量购买新的机器人才能维持工业机器人使用水平。

根据邓仲良和屈小博（2019）的计算，2018 年世界工业机器人平均折旧率为 4.95%，日本为 11.56%，美国为 6.65%，中国则是 1.15%。由于中国工业机器人应用起步较晚，折旧率较低，制造业投入的工业机器人基本可以直接转化为生产力，"机器人红利"可为产业升级带来巨大动力。与中国形成鲜明对比的是日本，其作为工业机器人推广最早的国家之一，工业机器人的应用曾为其制造业带来巨大优势，但如今高折旧让日本需要投入110%以上才能维持原有运行水平，这也是虽然日本工业机器人增量不断增加，但存量未明显增长的原因之一。

图3-5是使用 IFR 计算标准预测未来12年机器人报废数量趋势，横轴是年份，纵轴是工业机器人报废数量的对数。可以看出，老牌工业化国家在工业机器人应用方面已经进入相对稳定的阶段，虽然趋势上报废机器人数量也会上升，但变化不大，报废时也不会突然增加很大压力。而中国目前处于赶超阶段，新增工业机器人数量巨大，2025年前后机器人折旧率将超过其他国家，并且数量不断上升。面对未来激增的老旧机器人设备，中国应当未雨绸缪，通过及时检修维护、主动加快技术更新换代等方式，以防止维护成本越积越多，对未来制造业转型造成沉重的负担。

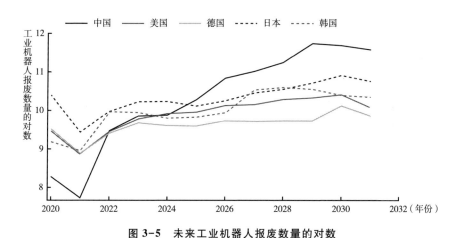

图3-5　未来工业机器人报废数量的对数

资料来源：根据 IFR 和 WDI 整理得到。

综上所述，本节提出第五个"卡尔多事实"——同人口因素一样，工业机器人会迎来老龄化阶段。

本节利用 IFR 工业机器人数据与世界银行数据，主要比较分析了中国、日本、美国、韩国和德国五个工业机器人使用水平全球排序前列的国家的发展经验，总结了制造业工业机器人采用原因和维持因素，使用世界所有国家数据发现其他"工业机器人落后国家"追赶路径，并根据定义和案例分析得到影响工业机器人未来发展的因素，归纳为制造业工业机器人领域五个"卡尔多事实"。

在增量方面，人口结构的变化是诱发工业机器人应用增长的重要原因；在存量方面，工业机器人运行存量需要依靠一定的经济体量和研发能力支撑；在国家之间，工业机器人应用存在后发优势，即存量较低的国家增长速度更快；在未来，同人口因素一样，工业机器人会迎来老龄化阶段。分析这五条一般规律，可以为中国今后工业机器人应用提供一定经验和指导。

第三节　中国工业机器人应用现状与产业升级

一般情况下，产业升级是不断从低层次结构向高层次结构变化的过程，产业由劳动密集型向资本密集型和技术密集型演变，产品附加值不断增大。现阶段中国正处于中高速向高质量发展、新旧动能转换和经济结构转型升级过程中，经济增长速度放缓，但经济增长方式和质量正在改变，从要素投入向生产效率提高转变，从数量扩张型增长向质量效益型增长转变。制造业企业通过生产的自动化和智能化改造与升级转变生产方式、提高生产效率，提高产品的技术附加值。

与此同时，第四次工业革命来临，以工业机器人应用为代表的新技术正在快速发展。由于历史等众多原因，之前历次工业革命中国都未能直接参与，这是中国第一次与其他国家站在同一起跑线上迎接新技术革命的机遇和挑战。工业和信息化部《"十四五"机器人产业发展规划》中明确提出，2025年要将中国建成"全球机器人技术创新策源地"、"高端制造集聚地"和"集成应用新高地"。机器人产业快速发展期与中国产业转型升级期交汇，工业机器人将助力中国制造业不断升级，实现高质量发展。

一　中国工业机器人使用密度与国际现状

人口年龄结构老化形成的推力和劳动年龄人口受教育水平提高形成的

拉力两方面因素的共同作用，推升了我国劳动力市场整体的工资水平，也显著增加了企业的用工数量。与此同时，工业机器人等新技术的应用也愈加成熟，企业应用新技术的经济成本不断下降。在此背景下，中国企业引进工业机器人的数量迅速增加。国际机器人联合会（IFR）发布的《2021年世界机器人报告》显示（见表3-2），中国是世界上最大的工业机器人市场，已安装工业机器人的总值最高、装机增长速度也名列前茅。2020年，中国共安装16.8万台，同比增长21%，显著高于12%的世界平均水平。2019年中国工业机器人存量为78.3万台，占世界总量的29%。从工业机器人安装密度看，全球工业机器人平均装机密度超过了12%（126台/千人），中国的安装密度为24.6%，显著高于世界平均水平，但与韩国、日本、德国等发达经济体相比还有一定差距，未来我国还有较大提升安装工业机器人水平的空间。

表 3-2　2020 年主要国家工业机器人密度

单位：台/千人

国家	机器人密度	国家	机器人密度
新加坡	605	意大利	224
韩国	932	荷兰	209
日本	390	西班牙	203
德国	371	澳大利亚	205
瑞典	289	中国	246
丹麦	246	法国	194
中国香港	275	加拿大	176
中国台湾	248	世界平均	126
美国	255		

资料来源：根据 *World Robotics 2021: Industrial Robots* 整理，https://ifr.org/ifr-press-releases/news/service-robots-hit-double-digit-growth-worldwide。

二　中国制造业工业机器人总量规模增长迅速

近年来，中国工业机器人需求量飞速增长，成为产业升级的一大亮点。图3-6展示了中国制造业中工业机器人发展的趋势。2009年中国制造业新安装工业机器人数量仅有 2278 台，运行存量为 13570 台，远低于世界平均水平。次年，新安装机器人数增长近 5 倍，达到 13008 台，开启了高速增长阶段。2013 年中国超过日本，成为世界机器人增量最多的国家，之后在工业机器人安装量上一直占据绝对领先地位，2017 年新安装机器人数量达到顶峰 125754 台。虽然受中美贸易冲突影响，2018 年以后中国新安装机器人数量有所回落，但仍保持着每年 10 万台以上的增长，2019 年中国制造业工业机器人存量达到 631281 台，占全球的 26.74%，超过欧洲和美国之和（见图 3-6）。

图 3-6 中国制造业工业机器人存量和增量

资料来源：根据 IFR 数据整理得到。

工业机器人价格不断降低，劳动力成本不断升高，相对价格变化是中国制造业机器人数量快速增长的重要原因。资本和劳动是企业投入生产的两种基本要素，投入比例取决于二者的相对价格和边际产出。随着 2013 年前后中国人口红利消失，劳动力成本优势逐渐丧失，要素驱动的粗放型工业发展模式难以为继，生产效率在市场竞争中扮演越来越重要的角色。许多制造业企业选择走向智能化，开始使用工业机器人代替人力，通过增加工厂中工业机器人应用进行产业升级。特别是传统制造业发达的长三角和珠三角地区，传统劳动力密集型较多，许多中小型厂商都开始换装升级，开始了"机器人+智能制造"的建设，成为中国工业机器人发展最快的集聚区域。

人口情况变化的同时，人力资本水平不断提升是中国制造业中工业机器人持续增长的重要保障。第七次全国人口普查的结果显示，中国人口的平均受教育年限从 2010 年的 9.08 年上升到 2020 年的 9.91 年，北京、上海和天津等地都已超过 11 年，接近发达国家水平。在工业机器人领域人才培养方面，中科院自动化所、清华大学等研究机构，拥有 20 多所重点实验室，众多高校和职业技术学校设置机器人专业，许多企业与学校开展了联合培养计划，产学研结合不断深入，形成了产业链上下游分工合作、互利共赢的局面。中国人才储备雄厚全面，形成了多层次人才梯队，涵盖了从尖端创新研发到基础操作应用的全部环节，拥有设计、安装、操作和维护机器人生产系统所需技能的人也越来越多，避免了劳动力技能不足、无人操作等情况对企业生产造成制约，机器人生产能力得到充分发挥，制造业效率不断提升。

三 智能化应用促进高技术产业不断发展

具体使用行业方面，使用工业机器人的情况在行业之间相差巨大。根据 IFR 的定义，制造业可以细分为食品和饮料制造业、纺织业、塑料和化工制造业、金属制造业、电子制造业和汽车制造业等 11 个类别，但使用量最多的几个行业往往占总量的八成以上。以 2019 年为例，图 3-7a 展示了 2019 年中国制造业各行业运行中工业机器人的比例，图 3-7b 展示了 2019 年中国制造业各行业工业机器人新安装量的比例。从存量上看，汽车制造业是使用工业机器人最多的行业，2019 年汽车制造业机器人数占据总量的 36.74%；其次是电子制造业，占 33.97%。金属制造业与塑料和化工制造业为第三和第四名，分别占总量的 13.89% 和 6.95%。从增量上看，汽车制造业、电子制造业和金属制造业也是新安装机器人数量最多的行业。电子制造业贡献了 37.40% 的新增机器人安装数，汽车制造业 30.98%，金属制造业 11.06%，分别是新安装机器人数量前三的行业。可以看出，无论是存量还是增量，工业机器人使用都集中在几个技术含量较高的行业中，除汽车制造业、电子制造业、金属制造业外的八个行业之和不到总量的 21%。但相较于存量，制造业中新增机器人数量较分散，并且电子制造业工业机器人的增量超过了存量最大的汽车行业，未分类的其他制造业行业占增量总数的 10.34%，也表明中国制造业机器人正在向多元化发展。

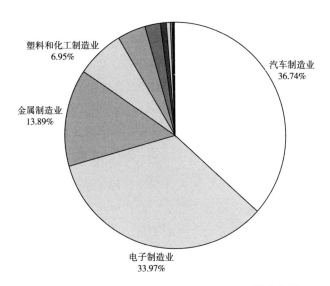

图 3-7a 2019 年中国制造业分行业工业机器人存量

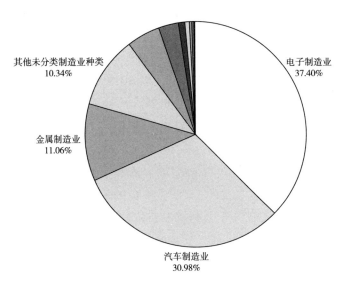

图 3-7b 2019 年中国制造业分行业工业机器人增量

资料来源：根据 IFR 数据整理计算得到。

图 3-8 进一步地展示了中国汽车制造业、电子制造业、金属制造业与塑料和化工制造业四个代表性行业的发展趋势。2009 年之前中国机器人运

行数量都十分稀少，增长缓慢。但值得注意的是，塑料和化工制造业机器人投入起步较早，这可能是因为 2004 年中国迎来第一个刘易斯拐点，工资开始上涨，该行业相对于汽车等行业更加劳动密集，受劳动力成本上涨影响较大，所以较早开始采用工业机器人应对人口变化影响。2009 年后，以汽车制造业为代表的各行业机器人使用数量都快速上涨。2010 年汽车制造业超过塑料和化工制造业，成为使用机器人最多的行业，电子制造业和金属制造业也分别在 2013 年和 2014 年超过塑料和化工制造业，形成了"三足鼎立"的形势。此外，2015 年后电子制造业保持高速增长，与汽车制造业的差距越来越小，未来几年内很有可能超过汽车制造业，成为制造业工业机器人运行存量最多的行业。

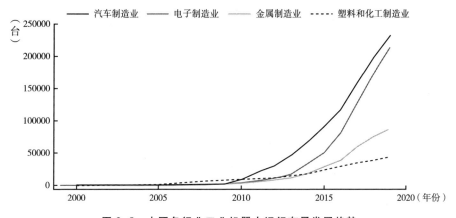

图 3-8　中国各行业工业机器人运行存量发展趋势

资料来源：根据 IFR 数据整理得到。

与之前历次工业革命相比，第四次工业革命与科学技术结合更紧密，因此对于工业机器人技术突破和应用而言，行业原有积累起到了至关重要的作用。中国机器人产业通常是龙头企业率先突破，产业集群跟进模仿，通过以点带面的形式实现技术扩散。最初接触工业机器人时，中国大多数企业选择有一定基础、与原有发展路径相关或相似的产业。对于传统优势企业而言，企业资本雄厚，有充足的现金流和风险承受能力进行创新。例如，中国兵器装备集团公司所属的华强科技股份有限公司始建于 1966 年，是中国第一家医用丁基胶塞智能工厂。华强科技早在 2013 年便开始研究智能装备技术，投资 1 亿多元建设智能生产线，并与中科院自动化研究所联合研制自动硫化机器人，新冠疫情期间为疫苗生产做出了巨大贡献。南京埃斯顿公司创立于 1993 年，长期聚焦于交流伺服电机、金属成型机床等行业，后转向工业机器人核心零部件生产和运动控制系统研发，成为国产智能工业机器人"四小龙"之一。

相对于发达国家，发展中国家仍处于产业结构变动的过程中，工业机器人和自动化技术将改变要素在发展中国家投入比例（Shapiro & Mandelman，2019）。如图 3-8 所示，先进的技术要素不断向附加值高的产业流动。虽然工业机器人率先使用发生在传统优势产业，但技术具有正外部性，会向其他产业特别是技术发达、产品附加值高的产业部门扩散。目前我国智能工厂、工业机器人应用范围不断扩展，半导体、新能源等高端制造业机器人投入量不断增大。例如，宁德时代公司是典型的新能源企业，电池生产运输中大量投入移动机器人参与，由于新能源电池生产环节极其复杂，新松公司为其定制了可自行规划最短路径的 AGV 机器人，运输成本大幅降低。

中国经济经历了长期的快速发展，正处于新旧动能转换的关键时期。与此同时，新一轮技术革命到来，工业机器人产业迎来了快速发展期，两期交汇，工业机器人为中国经济转型和制造业产业升级提供了新的机遇和动力。

总量方面，中国作为世界第一的人口大国和世界第二的经济体，市场庞大，工业机器人在中国发展迅速，总量不断增加，是世界最大的工业机器人市场。一方面，人口红利消失带来的要素价格变化是工业机器人使用增加的重要原因，面对沉重的劳动力成本压力，传统劳动力密集型产业纷纷加快了采用工业机器人的进程。另一方面，中国不断增长的人力资本水平是制造业工业机器人能够不断增长的重要保障，多层次的人才链条储备让工业机器人可以迅速与劳动力结合，使其生产力可以在制造业中充分发挥。

具体产业方面，不同行业机器人应用差异明显。中国机器人应用程度高的企业大多集中在利润率高、具有比较优势的大企业，这些企业有一定的产业基础，资金较充裕，有足够研发能力和抗风险能力。随着工业机器人技术进步的进一步加速和扩散，机器人应用会不断向附加值高的产业渗透，并扩散至相关产业链。机器人应用扩散的过程，同时也是资源配置优化的过程，资本和技术等资源向生产力高的行业和企业集聚，助力中国制造业产业不断升级。

第四节　工业机器人对产业升级结构调整的作用与启示

回顾历次工业革命技术，新发明和新技术的出现改变了制造业生产方式和形态，产业变更的过程往往也伴随着国际秩序的重构。改革开放以来中国经济飞速发展，与发达国家差距不断缩小，在世界舞台上扮演着越来越重要的角色。此次技术革命来临，中国第一次与发达国家站在了同一起跑线上。

在理论方面，本章对工业机器人与制造业相关文献进行了梳理，认为工业机器人应用与制造业产业升级相辅相成，二者互相促进。一方面，经济不断向前发展要求更高级的技术手段出现，全球老龄化趋势不可逆转，要素价格的变化加大了对工业机器人应用的需求，在工业机器人的助力下，传统制造业产业结构不断升级；另一方面，科学技术突破扩展了工业机器人适用场景，更多企业受益于工业机器人应用。新技术为机器人带来了新的应用，为制造业创造了新的工作任务，提高了全要素生产率，新冠疫情更是加快了工业机器人在制造业中的应用。

在国际经验方面，本章将国家经济情况与工业机器人发展情况结合，聚焦于中国、日本、美国、德国和韩国五个机器人运行存量最大的国家，并结合其他国家情况，发现制造业工业机器人应用存在一定的共性，总结为五个"卡尔多事实"：人口结构的变化是诱发工业机器人应用的重要原因；工业机器人运行存量需要依靠一定的经济体量支撑；工业机器人运行存量需要依靠一定的研发实力支撑；工业机器人应用存在后发优势，即存量较低的国家增长速度更快；同人口因素一样，工业机器人会迎来老龄化阶段。

机器人在中国应用方面，本章分析了中国工业机器人运行存量随时间变化情况，以及不同行业间差距的变化情况。从运行存量来看，发现工业机器人在中国制造业中应用不断增多，人口红利消失是促使劳动密集型产业转型的重要原因，中国不断增长的人力资本是工业机器人得以应用的重要保障。分行业来看，利润高、资金充足的大企业是投入工业机器人使用的主力军，但高附加值、高技术含量的产业仍和国外企业有一定差距。目前，机器人技术正在不断向生产效率高的企业扩散。

基于以上分析，为了助力工业机器人促进制造业企业产业升级，根据国际经验比较发现典型化特征，本节提出如下政策建议。

一　机器人应用要发挥市场的主体作用提高配置效率

发挥市场在资源配置中的决定性作用。企业是市场的主体，是否使用、如何使用工业机器人应当取决于企业的自主选择。地区之间资源禀赋不一、要素价格不同，产业之间生产环境差异巨大，对工业机器人的需求也各不相同。相较于政府或其他组织，企业家最有发展好企业的动机，并且更了解市场变化和企业内部情况，具有信息优势。只有企业家才能根据要素价格和产品销量，不断调整经营策略，及时选择具有比较优势的产业和战略，故应尊重其自主决策的决定性作用。若忽视客观规律强行推动产业升级，对工业机器人应用一味求多求快，使用行政命令压低机器人价格或抬高其他要素价格，则可能导致工业机器人在缺乏比较优势的领域过度使用，既损失了资源配置效率，又对财政造成巨大负担。治大国如烹小鲜，政府应当明确自身定位，避免过犹不及。

畅通要素流动，维护市场环境。市场实现资源最优配置的前提是价格机制能正常发挥作用，目前中国工业机器人市场上仍存在许多扭曲因素。政府应当着力消除市场运行过程中的人为障碍，简化工业机器人相关企业（特别是初创企业）的行政审批手续，降低企业交易成本。加快金融市场发育，放宽信贷约束，降低企业融资成本，鼓励符合条件、有发展潜力的机器人公司上市交易。降低机器人产业技术工人户口等流动限制，完善劳动力就业和失业相关制度，为受新技术冲击的劳动力提供社会保障，减轻企业负担。保护企业知识产权，增大知识产权侵权行为违法成本，激励企业创新和自主研发。

二　机器人应用要不断创新提高全要素生产率

提高创新能力，实现高质量发展。科学技术的突破是工业机器人在制造业中应用的前提，在基础理论和核心技术领域，我国离国际顶尖水平仍有一定距离。应当充分利用大学和科研机构丰富的智力资源，加快图像识别、人工智能等领域的理论发展和技术突破，为机器人在产业升级方面提供理论支撑和技术支持。鼓励具有前沿性和共性的技术开放共享，推动企业和学校合作办学、职校和工厂联合培养，形成产学研一体化的研发体系，促进实验室成果转化为企业实际应用，扩大技术工人比例。调动企业自主创新积极性，特别是工业机器人领域头部企业把握自身特点、差异化发展，加快专利申请和产品迭代速度，在基础制造、核心零部件、人机协作等细分领域达到国际领先水平。在工业机器人和军事机器人技术相同的领域，推动军民融合，有效利用资源，形成军事尖端技术带动民用发展、民用技术反哺军事安全的体系。

拓展应用场景，促进工业机器人在其他行业应用。目前我国工业机器人应用仍集中在少数高利润行业，在其他行业应用有待深入。例如探测、采矿和航空等特殊领域，工作环境危险，工作内容重复性强，对人身体和心理健康安全危害较大，并且负外部性强。虽然这些行业部分工作任务利润有限，但对工业机器人存在大量潜在需求，应大力推广工业机器人在不适宜人类进行的工作岗位中应用，保护劳动者健康和安全，实现以人为本的全面发展。先进技术具有正外部性，鼓励各地根据自身要素禀赋对传统企业进行改造，打造特色机器人产业集群，发挥比较优势，承接机器人产业链中不同环节，因地制宜走差异化发展路径。加大对企业宣传力度，搭建机器人推广平台，为厂商提供信息，通过激烈的市场竞争降低工业机器人成本，支持机器人制造和软件厂商开发低门槛的通用型机器人。深化各行各业机器人的应用，提高全要素生产率。

三　以工业机器人发展带动制造业整体产业升级

聚焦国家战略，引领第四次工业革命。以工业机器人为代表的第四次工业革命将颠覆现有生产方式，不仅带来产业结构的变化，更可能带来国际秩序的重构。应当抓住机遇，大力发展智能互联型的"换道超车型"产业。发挥后发优势，引进控制器等国外先进技术，加强计算机等领域人才引进和国际学术交流。加快机器人系统开发，基础软件等共性技术应用，机器人仿生感知与认知、人机交互等前沿技术突破，促进工业机器人与5G、人工智能、大数据等优势产业融合。发展精细化、智能化的高附加值产业，增加机器人出口，扩大海外影响力。建设专业技术人才队伍，积极主动参与国际机器人行业标准制定，增强国际话语权。

加强核心技术攻关，补齐技术短板。集中优势资源，向核心产业和高端产业升级，特别是伺服系统、减速齿轮和控制器等机器人生产上游核心零部件。设立相关基金，鼓励大学、科研院所和头部企业联合建立技术攻关团队，重点突破"卡脖子"技术，打牢产业基础建设，应对国际形势变化。加强基础软件研发，推出替代产品或替代方案，保障产业链安全，为机器人产业和其他制造业发展提供有力支撑。鼓励边际创新，激发中小型企业活力，扩大国内市场，营造繁荣健康的竞争市场，不断产生新方案和新产品。

四 适度产业政策支持增强企业自给自足能力

国家产业政策支持应当保持适度原则。对于有发展潜力的幼稚产业而言，发展初期技术不成熟，资金投入有限，经营经验不足，难以与其他传统优势产业或者跨国企业竞争。而工业机器人产业技术含量高、发展前景好、产业链长，对其他产业有巨大的正外部性，所以许多国家选择使用直接补贴、优惠贷款和税收减免等方式进行直接或间接支持。但无论什么政策都有一定的机会成本，例如在总体资源有限的情况下，增大机器人企业补贴可能就意味着必须减少农业补助或者环境补贴，给予机器人企业优惠贷款的同时只能减少部分疫情受损企业贷款额度。此外，政府行为具有乘数效应，直接参与可能造成要素市场巨大变化，过度支持可能会产生一批缺乏活力、依赖补助的企业，使市场上其他企业资源不足、运行困难，并且如果政策方向判断错误将给整个市场带来沉重的成本负担。因此，政府应当选择有限度的产业政策，更多聚焦于市场失灵环节，明晰产权、畅通市场，为企业提供基础服务，降低交易成本，促进制造业产业升级。

防止企业垄断，为下一次创造性毁灭创造机会。由于现代技术具有高资本、高投入、高回报的特性，与其他产业相同，工业机器人产业成熟后，可能几个大型企业将占据大部分市场份额。相对于新企业，大企业运行成本高，企业转型困难，仅是每年机器折旧都将是高昂的费用。但大公司资本雄厚，将为政府提供大额税收和就业，容易形成既得利益集团，使用其他手段打击新兴企业的发展。工业机器人产业发展到一定阶段后，应当让企业发挥规模效应的同时防止垄断产生，打击利用市场优势地位获得利益的行为，鼓励中小企业发展，增强市场活力，激发大型企业和中小企业不断创新的动力。

第四章

全球工业机器人发展特征
与中国制造业转型升级

——基于中国工业机器人使用企业的调研

实现制造强国发展目标必须依赖新技术发展及其产业应用。本章根据全球工业机器人在制造业应用的典型事实及对中国典型智能制造企业的调查，表明新技术主要通过扩大生产效率增长边界和提高要素配置效率来实现中国制造业转型升级，以工业机器人为例的新技术使用还会对资本、劳动力等要素市场产生交互影响。首先，全球工业机器人应用典型事实进一步表明工业机器人广泛应用于高技术制造业，而非劳动密集型产业，但当前中国工业机器人在一般制造业应用中存在产能过剩而在附加值较高的零部件制造业中应用程度相对不高的现象。其次，不同国家推进工业机器人应用都基于本国产业比较优势，调查研究也进一步证实工业机器人产业中龙头企业的初始发展路径都基于相似产业背景。本章认为应当立足上述共性规律，因地制宜、分门别类地引导推进中国工业机器人在高技术制造业中应用，而避免盲目实施"机器换人"。

第一节　新技术应用与全球工业机器人产业发展

以工业机器人应用来实现先进制造业跨越发展已成为全球共识。工业机器人产业发展迅猛，根据国际机器人联合会 IFR 数据，2013~2018 年全球工业机器人（industrial robots，IR）存量年均增速为 16.7%（见图 4-1），2018 年全球工业机器人新增安装量 38.1 万台，总存量已将近 270 万台。

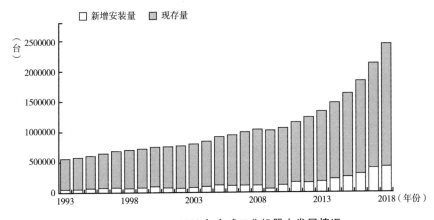

图 4-1　1993~2018 年全球工业机器人发展情况

注：制造业当年产值根据工业生产者出厂价格指数进行修正。

资料来源：根据国际机器人联合会（IFR）提供的工业机器人数据和《中国统计年鉴》整理计算。

当前中国也正在大规模推进工业机器人在制造业中的应用[①]，自 2013 年中国工业机器人新安装台数已持续多年位居全球第一，2018 年新增安装和存量分别占全球的 35.61% 和 25.35%，但制造业真实产值增长率并未和工业机器人应用同步正向增加，如图 4-2 所示。在这种情况下，有必要反思工业机器人促进制造业发展转型的作用机制到底是什么？与国外相比，中国制造业发展和工业机器人应用的结合点又有什么共性规律或差异性？

迄今为止，学术界对上述问题还未有统一、明确的回应，原因主要包括两个方面。其一，当前新技术发展迅速，已有技术很快会被新的前沿技术替代，进而对生产组织产生颠覆性影响，这使得研究者无法及时准确识别何种新技术对制造业发展影响最大。其二，从产业体系演进历程来看，

[①]　工业和信息化部、国家发展和改革委员会、财政部：《机器人产业发展规划（2016-2020年）》，2016 年 3 月 21 日；工业和信息化部、财政部：《智能制造发展规划（2016-2020年）》，2016 年 12 月 7 日。

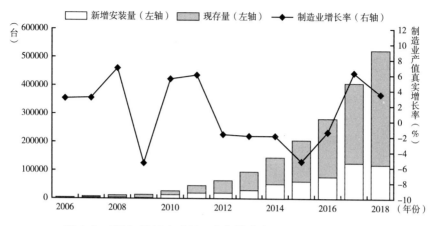

图 4-2 2006~2018 年中国工业机器人应用和制造业产值变化

注：制造业当年产值根据工业生产者出厂价格指数进行修正。

资料来源：根据国际机器人联合会（IFR）提供的工业机器人数据和《中国统计年鉴》整理计算。

中国与国外制造业的产业结构还存在较大差异，需要选取合适的共性技术产业应用来弥合国内外实际情况的研究差异，而工业机器人应用则提供了这样一个共同技术背景。工业机器人技术最初兴盛于 1990 年前后，并在美国和欧洲等国的制造业广泛应用，当前这些主要发达国家的制造业已逐步让位于服务业，但这些国家仍然在大力推进新技术的工业应用。中国现代制造业体系完备，2013 年以来中国工业机器人已进入大规模应用阶段，但工业机器人和制造业深度融合的中国模式尚未形成，制造业经济贡献率在 2012 年也被服务业超过。针对上述两种疑惑，本章将这些现实问题提炼为以下两个经济学问题，即如何准确认识及促进新技术的大规模有效应用？不同国家在推进新技术应用时又有何种共性规律？

从新技术应用对经济社会发展的影响来看，技术产业应用对经济增长贡献存在长期演变的根本趋势。Kaldor（1961）从 20 世纪全球经济发展中总结出六个"卡尔多事实"，随着新技术应用的深入发展，新的"卡尔多事实"也进一步得到了补充和完善。本章以全球工业机器人自身产业发展规律为基础，探讨新技术如何影响中国制造业转型升级，并进一步总结在实际调研中发现的典型问题，以此从理论和实践层面获得可供参考的政策启示。

第二节　工业机器人应用的产业类别及研究方法

当前对工业机器人的概念界定已比较明确，国际机器人联合会（IFR）总结了 1993 年以来全球主要使用工业机器人的国家和地区的新增与存量数目，并以年度报告的形式每年跟踪研究，这为本章研究工业机器人及其在制造业应用提供了翔实的基础数据。基于这样的考虑，本节遵循 IFR 对工业机器人的定义，即工业机器人为"三个或多轴上可编程的自动控制的、多功能机械手臂装置"。

一　产业划分

对工业机器人应用的产业类别分类依据 IFR《2019 年世界机器人报告——工业机器人》（World Robotics 2019-Industrial Robots），产业划分类别基本能够与世界通行的标准行业划分目录对应。为进一步聚焦分析 IR 在制造业中应用趋势，本节剔除了 IR 在农林牧渔业（A–B）、采矿业（C）、电力燃气和用水供给（E）、建筑业（F）、教育和研究（P）等产业内的应用数据，因此具体对制造业而言（IFR 产业划分代码为 D），IR 在制造业中应用产业有食品和饮料制造业（10–12）、纺织业（13–15）、木制品及家具制造业（16）、造纸业（17–18）、塑料及化工制造业（19–22）、金属制品制造业（25）、电气电子制造业（26–27）、汽车制造业（29）等，具体参见表 4-1。

表 4-1　制造业中工业机器人应用的产业类别

产业名称	IRF产业代码	产业名称	IRF产业代码
食品和饮料制造业	10–12	电气电子制造业	26–27
纺织业	13–15	电子元器件	26–0
木制品及家具制造业	16	半导体、LCD、LED	26–1
造纸业	17–18	计算机及相关设备	26–2
塑料和化工制造业	19–22	信息通信设备	26–3
化学产品	22–9	医疗、精密、光学仪器	26–5
金属制品制造业	25	非自动电机	27–1

续表

产业名称	IRF 产业代码	产业名称	IRF 产业代码
家用电器	27-5	汽车零部件	29-3
其余电子电气制品	27-9	汽车金属零件	29-31
工业机械	28	橡胶和塑料汽车零件	29-32
未分类金属	28-9	电子和电气汽车零件	29-33
汽车制造业	29	玻璃汽车零件	29-34
机动车、发动机和车身	29-1	其余汽车零部件产品	29-9

资料来源：根据《2019 年世界机器人报告——工业机器人》（*World Robotics 2019 - Industrial Robots*）整理。

二　计算方法

鉴于当前中国工业机器人的官方统计数据尚不完善，本章主要运用 IFR 数据与实际调研数据，调研对象主要选取国内代表性 IR 企业及应用 IR 进行生产的制造业企业，调查对象包括徐州市徐工集团（以下简称徐工）、赛摩电气股份公司（以下简称赛摩）、南京埃斯顿工业机器人企业（以下简称埃斯顿）、珠海市格力智能装备（以下简称格力智能装备）、运泰利自动化、创伟力工业园、珠海松下马达有限公司（以下简称松下马达）等应用工业机器人企业，重点考察应用工业机器人企业的技术特征以及工业机器人在制造业中的应用情况，具体而言，（1）针对工业机器人产业本身发展情况的调研，以埃斯顿、松下马达等企业为主；（2）对工业机器人在制造业应用情况的调研，我们选取了徐工、赛摩、格力智能装备、运泰利自动化等制造业企业。

为更好地全面了解国内工业机器人产业的发展方向和面临的挑战，本研究调研访谈人员主要针对中高层管理人员和工厂技术工人，这不仅可以了解管理层对 IR 企业发展方向的宏观视野，也能反映基层技术员工对 IR 技术应用的思考。主要调研时间集中于 2020 年 6~10 月。调研形式包括：（1）实地企业调研。我们提前对广东和江苏地区的企业发放调查问卷和座谈提纲，对企业基本信息、行业类型（四位码行业）、员工总数、固定资产、营销收入、生产成本、是否获得政府补贴、推进"机器换人"起始时间及原因、使用工业机器人类型及相关成本投入等情况进行统计。（2）面对面访谈。

对企业管理层和基层技术骨干代表人员进行访谈，通常为调研企业介绍各自企业发展的基本情况，并对提纲问题进行回答，然后我们会根据企业具体情况通过交互问答等方式来进一步了解应用工业机器人企业生产决策等具体信息。(3) 调研情况总结和回访。我们对每次调研结果都采取语音和文字记录等，并在调研后对调研问题及回答进行整理，若有疑问之处，我们还会对具体问题向相关企业进行求证。

第三节　全球工业机器人应用演变趋势

新技术应用推动了要素结构变化，进而引起增长的要素贡献份额及效率变化，其中工业机器人在制造业广泛应用尤为显著。2000 年以来，全球工业机器人产业发展逐步成熟，呈现一些基本特征，本节结合已有研究文献、IFR数据和实际调查结果总结工业机器人产业在中国应用的"卡尔多事实"。

一　人口变动促进了工业机器人推广应用

工业机器人应用的"卡尔多"典型特征——人口老龄化、劳动力供给下降与劳动力成本提高是促进工业机器人应用的核心供给因素。已有研究表明人口老龄化、高人力资本市场需求是"机器换人"趋势日益加快的主要原因，Abelansky 和 Prettner（2017）基于 60 个国家 1993~2013 年数据研究表明，人口总量增加率提高 1%，将会降低 2% 的机器人使用密度。从"机器换人"效果来看，人口老龄化和低生育率等对经济社会带来的不利影响可以通过机器人替代来进行缓解，通过使用机器人替代传统岗位，可以减少经济体对劳动力投入需求，从而补偿人口老龄化引起劳动力供给不足引起的经济增长下降。"机器换人"也对制造业中不同技能劳动力的人力资本提出新的要求，影响劳动力市场的就业技能门槛。工业机器人作为新技术引入，必然对人力资本水平产生影响，推动人力资本有效形成。已有研究进一步表明，只有机器人与人力资本相匹配，才能更好地促进工资率和劳动生产率的增长。

从企业调研情况来看，企业是否采取"机器换人"主要取决于机器人购置和维护成本、劳动力成本和产品的边际利润等因素。目前"机器换人"对就业影响相关研究较多，已形成了就业替代和就业创造的两种效应，工业机器人使用会引起劳动力市场产生替代效应（displacement effect）和生产率效应（productivity effect）。前者降低了劳动力需求和工资水平，已有研究也表明这种替代效应具有显著的产业异质性，对规模较大、资本深化程度较高、研发力度较强的高技术制造业是互补的正向效应，替代效应仅在中等技术的标准常规化任务中较为显著。对美国劳动力市场而言，机器人应用会降低就业和工资水平，每千人劳动力被一台机器人替代会拉低就业占比近0.2个百分点和工资下降0.42%（Acemoglu & Restrepo，2020）。后者生产率效应提升了自动化技术应用的正向促进作用，同时其还创造了人机协同等人工辅助服务及生产中非自动化环节的劳动力需求，因此机器人应用具有劳动力创造效应。进一步从就业结构来看，在劳动密集型制造业推进"机器换人"可缩减用工成本，机器和人的交互需求增多还创造了"人机协作"的岗位需求，这间接增加了劳动力市场的人力资本需求。从工业机器人产业来看，机器人产业本身及其上下游设计与研发、零部件制造、销售和技术服务等环节也会创造新的就业岗位。另外，新冠疫情大流行降低了劳动力流动性，对密切接触的劳动密集型制造业影响较大，这也加大了机器人替代效应。

二 工业机器人产业重大技术突破依赖于龙头企业的技术累积

工业机器人产业链分为核心零部件制造、机器人本体制造和机器人系统集成三个部分，如图4-3所示。工业机器人的利润关键点为产业上游的精密减速器、伺服电机及驱动、控制器等关键零部件制造，机器人本体制造业和产业下游系统集成属于技术应用范畴。从应用工业机器人企业调研发现，工业机器人技术垄断高度集中，新技术诞生及应用在于知识创造及输出的长期循环积累，进而对生产组织形式产生影响。基于各自企业技术发展基础，当前各国都提前布局全球工业机器人产业链中的核心环节，逐渐形成了各具特色的核心技术和创新模式，而这些垄断技术具备很强的赢利能力。例如日本川崎重工（Kawasaki Heavy）和发那科（FANUC）、德国库卡（KUKA）等都在机器人手臂、机器人末端机构和核心控制单元等多方面拥有显著优势。近年来，我国沈阳新松、埃斯顿、安徽埃夫特也在本体集成和控制单元方面进展迅速，徐工和三一重工更是将工业机器人、工程机械与大数据结合起来打造工业互联网产业。基于上述国别产业发展和企业调研情况，本章认为本国工业机器人重大技术突破均依赖于本国机器人行业内龙头企业的长期投入和经验积累，这是本章总结的工业机器人应用的第一个"卡尔多事实"。

图 4-3　工业机器人产业链构成

资料来源：根据 2021 年中国社会科学院国情调研重大项目"产业结构升级背景下制造业机器人实施状况调研"总结。

三　工业机器人应用本质上是资本深化过程

究其本质，工业机器人是一种特殊的自动化设备，即工业机器人本质上仍属于生产硬件，工业机器人应用的第二个"卡尔多事实"——工业机器人应用本质是资本深化过程。资本投入势必面临固定资产折旧影响，为比较不同国家工业机器人的使用情况，本章进一步界定了工业机器人折旧率计算方法，如式（1），国家 n 产业 i 在时期 t 的工业机器人折旧率 δ_{it}^{n} 为：

$$\delta_{it}^{n} = \frac{IRS_{it-1}^{n} + IRA_{it}^{n} - IRS_{it}^{n}}{IRS_{it-1}^{n}} \tag{1}$$

式中，IRS_{it-1}^{n} 为国家 n 产业 i 在时期 t 的工业机器人存量，IRA_{it}^{n} 为国家 n 产业 i 在时期 t 的工业机器人新增安装量。计算结果如表 4-2 所示。2018 年中国工业机器人总体折旧率为 1.15%，明显低于世界平均水平（4.95%），也低于世界其他主要应用工业机器人的国家（如美国 6.65%、德国 5.70%、韩国 3.94%、日本 11.56%）。从工业机器人应用规模来看，当前中国、美国、德国、法国、韩国和日本是主要使用工业机器人国家，占全球工业机器人市场份额将近八成。同时 IR 使用密度也呈逐年上升趋势，2018 年 IR 在制造业应用存量为 2068185 台，其中中国为 524273 台，占全球比重 25.35%；全球使用密度为 99 台/万员工，新加坡比重最高，为每万名员工831台。对中国而言，中国工业机器人整体应用水平高于世界其他国家，2010年以来制造业应用IR比重总体呈现先上升而后下降趋势，2010年比重为82.32%，2015年比重增加至91.24%，其后每年逐年递减，2018年制造业中IR应用比重为79.40%。中国使用密度为140台/万员工，从资产折旧和维护的角度来看，这意味着未来中国工业机器人维护成本较高。

表4-2　全球及主要应用国家的工业机器人总体折旧率

单位：%

年份	全球	中国	美国	德国	法国	韩国	日本
2000	9.85	0.00	3.83	3.45	3.45	1.19	14.86
2005	5.55	0.00	4.24	3.59	3.59	5.32	7.56
2010	8.05	0.00	5.64	6.90	6.90	1.81	14.10
2011	6.81	1.05	7.41	7.11	7.11	2.40	9.23
2012	6.68	0.51	7.18	8.13	8.13	3.81	8.26
2013	6.58	0.72	5.68	7.84	7.84	2.94	10.18
2014	6.04	0.39	4.90	7.08	7.08	2.56	12.33
2015	6.59	0.77	5.78	7.44	7.44	2.64	14.97
2016	6.01	1.36	6.48	7.36	7.36	2.59	13.20
2017	6.10	1.28	8.61	5.30	5.30	5.28	12.44
2018	4.95	1.15	6.65	5.70	5.70	3.94	11.56

资料来源：根据国际机器人联合会（IFR）数据计算。

四　产业比较优势是工业机器人产业应用的主要依赖

从各国工业机器人发展情况来看，应用工业机器人龙头企业加大工业机器人研发投入的初始起点都依赖于原有企业发展路径抑或相近的产业背景，即工业机器人发展及产业应用大多立足于本国原有产业发展基础，这是我们对工业机器人产业及其在制造业中应用的第三个基本判断。短期和长期的技术调整成本是不同的，相同产业背景下应用工业机器人企业转换成本较低，长期技术调整成本更高，例如埃斯顿在2000~2010年主要从事交流伺服电机研发，2011年起才从事工业机器人核心零部件研发。从不同国家的产业结构来看，一方面，中国纺织业是具有比较优势的，根据IR在纺织业的每年安装量，中国每年新安装IR比重远高于其他国家，2018年中国纺织业新增IR全球份额为 34%，而德国、日本、美国仅为 14%、2.5% 和 7.6%，如图 4-4（a）所示。另一方面，对高技术制造业，例如电子元器件制造，日本具有电子元器件、半导体、汽车制造等方面比较优势，尽管 2010 年以来其比重逐步下降，但其在微电子制造等领域的 IR 应用均显著高于世界其他国家，2018 年日本电子元器件全球 IR 存量比重为 62.24%，而同年中国仅占全球份额的 16.20%。从 2010 年以来中国在电子元器件制造上 IR 应用存量的比重来看，2013~2017 年逐渐上升，但 2018 年存在下降趋势，如图 4-4（b）所示。

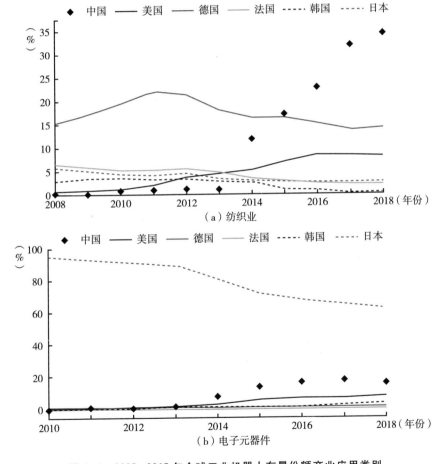

图 4-4 2008~2018 年全球工业机器人存量份额产业应用类别

注：以纺织业和电子元器件制造业来表示劳动密集型和技术密集型制造业。

资料来源：根据国际机器人联合会（IFR）提供的工业机器人数据整理计算。

五 工业机器人在中国应用的主要领域是高技术产业

从全球各产业中使用工业机器人情况来看，IR 主要应用于汽车、电子电气、金属机械等装备制造业，其中汽车制造业安装应用工业机器人比重约占全球份额的 30%。2018 年，汽车制造业中 IR 应用份额 79% 集中在中国（39351 台）、日本（17346 台）、德国（15673 台）、美国（15246 台）和韩国（11034 台）；而在传统劳动密集型企业应用较少，例如食品制造业和纺织业，2010~2018 年其使用比重基本保持不变，2018 年食品制造业和纺织业中 IR 存量占全球总存量的 3.56% 和 0.13%，这表明 IR 主要应用于高附加值产品的制造业，如汽车这种耐耗品、电子元器件、半导体电子产品和零部件制造，这是工业机器人在制造业应用的第四个"卡尔多事实"，即从全球工业机器人应用规律来看，工业机器人大多应用于高技术制造业，而非传统劳动密集型产业（见表 4-3）。

表 4-3　全球制造业中工业机器人应用份额

年份	制造业工业机器人存量（台）		全球制造业中新增工业机人应用比重（%）	各细分产业占全球制造业存量比重（%）			
	全球	中国		食品制造业	纺织业	汽车制造业	电子电气制造业
2010	837230	26578	82.32	3.18	0.11	45.92	18.78
2011	922821	45697	82.93	3.28	0.11	45.57	20.42
2012	1006536	63471	87.77	3.39	0.10	45.44	21.51
2013	1099045	94437	84.50	3.58	0.11	45.58	22.18
2014	1233627	145454	88.04	3.68	0.12	45.76	22.48
2015	1392580	206171	91.24	3.68	0.11	44.75	23.54
2016	1577197	282807	87.91	3.64	0.11	43.24	25.74
2017	1824548	408561	85.27	3.52	0.12	41.74	27.86
2018	2068185	524273	79.40	3.56	0.13	40.96	28.85

资料来源：根据 IFR 数据计算。

根据对中国智能制造企业的调研还发现，专用和特种工业机器人应用需求成为 IR 新应用增长点。以往工业机器人主要集中在汽车行业等标准化生产线，而当前已广泛应用于农业、电子、造纸、食品加工、金属加工制造、工程机械及塑料化工等，且逐渐向产品同质性较高、标准化工序分割清晰、人工劳动强度大等领域延伸；部分工业机器人还开始进入特种行业领域，逐步填补了在大气、深海、高温、低温等恶劣环境和持续高强度工作条件下人类无法胜任的岗位，例如地质勘探、航空航天和救援抢险等。另外，不断积累的生产过程数据也使得工业机器人向智能化发展，从预编程的被动控制模式向机器学习的人工智能方向演化。

第四节　工业机器人应用及对中国制造业升级影响

在认识全球工业机器人发展的"卡尔多事实"典型化特征基础上，本节以工业机器人作为新技术应用为例来进一步讨论如何促进中国制造业转型升级。

一　工业机器人应用与中国制造业产业升级

从影响现代产业转型升级的视角来看，新技术应用对产业发展影响的相关研究主要集中在知识的产业应用、新技术的工业应用、企业对新技术的选择和应用三个方面。

知识的产业应用经历了知识创造、知识积累及输出，从知识创造及传播途径来看，知识主要分为两种类型，即显性知识（explicit knowledge）和隐性知识（tacit knowledge），前者也叫编码知识，可以通过承载知识的外界媒体来获取，主要以文字、图像等形式呈现，例如标准课本或者工具使用说明书等；后者则主要指那些不能将知识进行编码，只能通过面对面的"言传身教"来学习获得的知识，比如跳舞、武术、维修、音乐等专业技能传授。从这个角度来看，显性知识传递具有非竞争性、公共品属性，而隐性知识具有集聚效应，仅能通过面对面人员接触和交流获得，尤其是需要经过有组织地系统学习才能获取。但无论是上述哪种知识类型，知识传播和应用都具有显著的技术外部性（technological externalities），而技术外部性可以不经过市场而直接对生产函数产生影响，进而提高生产效率和要素配置效率。技术进步对经济体及产业的这种影响最早可追溯到"熊彼特创新理论"，熊彼特在《经济发展理论》中将新技术应用归为技术创新，这种"创造性破坏"直接扩大了生产效率的增长边界，高技术产业全要素生产率（TFP）增长的主导来源很大程度上就是技术创新。

从全球新技术的工业应用趋势来看，工业机器人在制造业中应用成为提高其生产效率的关键因素。究其本质，工业机器人是一种特殊的自动化设备，作为一种自动化技术，新技术应用直接影响了生产组织效率，扩大了生产函数边界。一般地，新技术进步总会改变生产活动对劳动力的需求，而对资本投入需求则会逐步增加，因此新技术应用也会反过来对要素结构产生影响。新技术对生产边界的影响决定了资本和劳动力二者间的替代弹性，这也会影响企业全要素生产率（TFP）。当资本利率较低时，推进自动化才能够降低生产成本，并实现均衡可持续的增长。与此同时，工业机器人应用也会推高投入要素的市场价格，尤其是相应产业的就业工资水平。

从新技术应用推广来看，技术获取和应用不会以同等程度渗透至所有产业领域，而仅仅在生产力较高的产业领域和关联性较高的区域存在，因此，促进技术均衡地扩散或外溢是进一步发挥技术进步正外部性的关键。熊彼特提出的创新模式主要在市场集中、产业集聚等方面促进技术创新，在集聚经济中激发产业和市场发展中的企业家精神尤为重要，微观市场主体活力越高，则技术创新和新技术应用概率越大。但新技术产业应用初期往往呈现垄断竞争状态，具有垄断寡头特征，尤其是以互联网和机器人应用为代表的新技术应用，其一方面可能通过核心算法和关键零部件专利技术垄断来造成中小企业日益成为技术垄断寡头的附庸，另一方面还会消弭技术进步促进全社会福利提升的均等机会，这表明促进技术创新活力与提供及时获取合适技术的机会、建立可持续的创新收益和知识累积渠道的"技术体制"和"产业创新体系"同等重要。

企业选择和应用新技术的能力是实现利润增长的关键，但不同技术进步路径对制造业发展影响是趋异的。从中国经验来看，仅依靠自主创新或技术引进均不会优化制造业结构，只有在引进先进技术后强化本国核心技术创新能力才能提升制造业产品高附加值，因而自主创新战略下的"能力成长"是技术、企业、经济制度等因素综合影响的结果。从市场和制度良好结合的新技术应用成功案例来看，近年来一些文章开始对中国高铁技术进步的经验进行研究，尽管存在不同视角的解读，但共性的研究结论是系统层次创新和引领市场需求都是新技术应用产业实现赶超的重要原因。

二　中国工业机器人在制造业中应用情况

从 IFR 数据可进一步提取中国工业机器人在制造业中的应用情况，如表 4-4 所示，可见中国传统制造业中工业机器人应用存在产能过剩趋势，而在附加值较高的零部件制造业中应用程度还相对不高，这是本节对当前中国工业机器人在制造业应用的基本判断。

当前我国在食品制造、纺织、汽车制造等领域工业机器人应用的市场份额已位居全球第一，2018 年中国工业机器人在纺织业、木制品及家具制造业、金属制品制造业及汽车制造业应用优势明显，其存量分别占全球相应存量的 34.41%、21.28%、30.62%、23.46%。这些行业引入工业机器人主要目的在于"代工"，提高生产效率和产品利润。例如汽车制造业，2018 年中国汽车制造业使用工业机器人总存量为 198735 台，已远高于美国（128414 台）、日本（101264 台）和韩国（93576 台）。尽管电气电子制造业从 2018 年开始整体超过日本和韩国，但在附加值较高的电子元器件与半导体等制造业细分行业的应用比重还较低，使用 IR 规模远低于日本和韩国。2018 年中国在电子元器件新增机器人 1091 台，占全球的 16.20%，远低于美国和日本（2018 年分别新增 1965 台和 6943 台）；半导体制造业的新增机器人为 5026 台，远低于韩国（12898 台）。另外，由于我国工业机器人安装使用时间还不长，本节依据式（1）估算 2018 年中国制造业折旧率为 0.90%，这进一步表明未来已有制造业机器人的维护和更新换代的潜在成本较大。

表 4-4　2006~2018 年中国制造业中工业机器人存量占全球比重

单位：%

年份	制造业	食品制造	纺织	木制品及家具制造	造纸	金属制品制造	电气电子制造	工业机械制造	汽车制造	电子元器件制造	半导体/LCD/LED
2006	0.51	0.16	13.53	0.06	25.28	0.29	0.32	7.69	0.12	1.08	1.92
2007	0.95	0.35	0.17	0.11	0.08	0.70	0.62	0.00	0.23	0.72	4.68
2008	1.39	0.56	0.18	0.11	0.07	1.32	1.01	0.22	0.40	0.75	5.80

续表

年份	制造业	食品制造	纺织	木制品及家具制造	造纸	金属制品制造	电气电子制造	工业机械制造	汽车制造	电子元器件制造	半导体/LCD/LED
2009	1.68	1.07	0.20	0.17	0.19	1.52	1.34	0.42	0.60	1.34	5.99
2010	3.17	1.52	0.83	0.02	0.78	3.06	2.52	0.63	2.50	0.13	6.29
2011	4.95	2.40	1.05	0.03	1.98	5.24	3.80	1.65	4.95	1.33	5.75
2012	6.31	3.54	1.15	0.06	2.23	6.85	4.83	1.93	6.66	1.18	5.11
2013	8.59	5.53	1.06	0.45	3.04	9.36	7.05	4.25	9.27	2.01	4.87
2014	11.79	7.81	11.80	0.95	3.21	13.28	12.22	8.12	11.97	8.15	7.60
2015	14.80	9.74	17.15	4.28	5.55	17.83	15.57	15.97	14.72	14.08	6.98
2016	17.93	11.64	22.81	9.28	7.44	21.33	19.96	18.37	17.22	16.87	11.14
2017	22.39	13.34	31.86	14.92	8.94	27.78	25.38	25.37	20.98	18.09	17.38
2018	25.35	15.19	34.41	21.28	13.41	30.62	29.23	29.02	23.46	16.20	18.14

资料来源：根据 IFR 数据计算。

进一步从全球工业机器人数据分析结果来看，中国工业机器人产业在制造业中广泛应用推动了生产效率提高，但中国工业机器人应用及对制造业升级仍面临严峻的潜在挑战，具体表现为进口国外机器人零部件及整机比重远大于国产品牌，部分关键核心技术瓶颈亟待突破；同时传统制造业中工业机器人产能过剩初步显现，而在电子元器件等先进制造业中应用优势不明显，且远低于日本和韩国。

第一，国产自主品牌与国外进口替代还将并存一段时间。2018 年，我国工业机器人新增 15.4 万台，占全球新增量的 36.48%。2014 年以来国产自主品牌机器人市场占有率稳步提升，但总体占比还不足 30%，近年来国产品牌机器人销量增速还在下降，已从 2015 年增速 30.9% 降至 2018 年 16.2%。从使用种类来看，多关节机器人是进口品牌占比份额最大类型，2018 年进口数量约占我国同类市场份额的 69.5%。从应用类型来看，除涂层与胶封外，搬运与上下料、焊接、装配与拆封、洁净、加工的进口机器人占比都较大。从产业类别来看，电子电气设备制造业的国产品牌市场份额为 32.2%，大于国外进口份额（28.8%），其余产业中机器人以进口为主，以汽车制造业为例，纯进口国外安装机器人占比为 30.5%。

第二，中国工业机器人的关键核心技术对外依赖性仍较强。当前产业附加值高的上游几乎都被日本和德国企业垄断，中国工业机器人产业正处于从下游集成应用向中上游零部件制造演进的上升过程。中国企业通常采取以下游的系统集成作为切入点来逐步开展上游的技术研发和产品开发，如埃斯顿、东莞拓斯达、武汉华中数控分别以机器人产业链下游的数控和集成一体化为主。例如埃斯顿，见表4-5，其核心业务已由下游产品集成逐步向减速器、伺服和控制系统等核心部件国产化制造发展，具有多项自主研发的核心算法和关键零部件，中大力德、南通振康等企业开始涉猎纯零部件制造。

表4-5　国内工业机器人代表性企业经营模式：以埃斯顿公司为例

序号	应用优势领域	工业机器人产业
1	智能控制单元	操作系统：机器人控制、运动控制、视觉控制等
2	机器人手臂系列产品	300~500kg 负载
3	自主研发技术	国产核心算法+零部件
4	工业机器人标准工作站	多应用场景：码垛、焊接、喷涂等
5	与工业需求匹配的服务机器人	协作机器人、医疗康复机器人
6	工业互联网技术	目前只有在线监控、网络支持、在线诊断，还未到智能学习

资料来源：根据2021年中国社会科学院国情调研重大项目"产业结构升级背景下制造业机器人实施状况调研"总结。

尽管我国工业机器人硬件和国外差距逐步缩小，但自主研发的国产机器人操作系统、传感技术、核心算法及其与机器人兼容性还存在较大差距，这日益成为制约国内机器人企业发展的瓶颈。究其原因，我们在调研中发现基础科学在指导机器人产业发展时还存在理论与实践脱节、材料加工工艺和经验积累不够、精密制造工艺水平不高等问题，即便是采用相同技术的国产核心零部件，目前大规模批量制造的工作稳定性和耐久性都低于国外同类产品。另外，面对国内市场对工业机器人需求日益增大，国外企业也采用降价的模式来挤压国产机器人企业的生存空间。由于技术差距明显而产品价格相近，国产IR及其零部件产品的市场优势受到极大挑战，这反过来制约了国产机器人产业发展壮大。

第三，我们在调研中还发现了其他一些问题。首先，国内 IR 企业对研发投入较大，基本占其营业收入近 15%，而当前对于研发投入企业的税收减免和财政支持的力度还不够大，导致一些创新型中小企业对政府补贴兴趣不高。其次，当前制约国内 IR 企业的人才问题也较为突出，高校科研成果与产业化应用脱节，高精尖人才多从国外引进，尤其是欠缺大数据和机械控制方面的复合型人才。另外，国内机器人专利产权纠纷情况较为常见，但多为外观专利侵权，由于企业没有精力去及时应对此起彼伏的侵权纠纷，往往选择忍耐外观专利侵权，而更加专注培育自身核心技术竞争力。

第五节　小结与政策启示

工业机器人应用是当前推动全球制造业发展变革的突出前沿方向，本章研究立足我国当前工业机器人产业发展现状和国际演变趋势，对新技术如何促进制造业转型升级的作用机制进行理论探讨。

跨国别的比较研究和中国典型制造业企业调研结果表明，新技术通过提高要素配置效率和扩大生产效率边界两种机制来促进制造业转型升级。以工业机器人为例，新技术不仅改变了传统制造业生产效率，而且对要素市场产生交互影响。从支撑政策来看，新技术引进和自主创新有机结合更有利于放大技术进步对制造业的正向促进作用。从全球工业机器人应用规律来看，本章还总结了工业机器人在制造业中应用的五个"卡尔多事实"，即人口变动促使"机器换人"；作为高技术应用的工业机器人发展更依赖于龙头企业的长期技术积累；工业机器人应用本质上是资本深化过程；工业机器人企业都依赖于原产业发展路径或相似产业背景；从全球范围来看，工业机器人大多应用于高技术制造业，而在传统劳动密集型产业中使用较少。

如何促进中国制造业高质量发展，本章认为：首先，应准确认识工业机器人应用规律，因地制宜、分门别类地引导推进机器人产业。当前中国纺织业、食品饮料等传统行业的机器人存量已位居世界第一，可预期的设备折旧将逐步提高；同时中国工业机器人主要应用于具有比较优势传统制造业中，如纺织业和金属制品制造业，而在半导体及零部件制造等高技术制造业中应用比重远不及日本和韩国，应立足不同地区传统制造业装备技术升级需求，避免盲目推进"机器换人"，以比较优势为产业发展重点，开展工业机器人对传统生产线或生产系统的技术改造，选择关键环节进行重点突破。促进工业机器人、智能服务机器人和智能制造全产业链配套发展，推进一般生产向智能制造转型，发挥互联网和云计算优势，继续推动5G、大数据、AI与工业机器人的深度融合。其次，对不利于人工操作和劳动的环境，应积极引导在危害健康和危险作业环境、重复繁重劳动、智能采样分析等关键岗位应用机器人。加快完善工业机器人产业的基础生态。当前中国工业机器人主要集中在中下游产品集成，因此需加快完善产业链，补齐芯片研发、操作系统、伺服电机等方面的基础短板。鼓励国产核心零部件制造业发展，提升减速器、伺服电机、传感器以及末端执行端的研发创新能力。最后，新技术更新换代速度很快，需要准确把握智能化趋势，加强机器人基础共性技术研发，提前布局前沿机器人产业发展重点。加快制定企业经营数据安全保护标准，鼓励工业流程改造和基础数据共享。发挥行业组织中介作用，规范机器人二手交易平台，满足不同企业对工业机器人使用需求，延长工业机器人价值转换周期。

第五章
中国制造业机器人应用实施状况：
来自广东省和江苏省的调查

作为新一轮科技革命和产业变革的重要驱动力量，工业机器人和人工智能已被社会各界广泛赞誉为"制造业皇冠顶端的明珠"，其在研发、制造和应用等方面的体现也成为衡量一国科技实力、创新能力和高端智能制造水平的一个重要特征。随着新技术革命的不断推进、中国人工智能技术水平的不断提高、人工智能技术的不断成熟，当前人工智能产业得到蓬勃发展。机器人和人工智能在社会各领域中的广泛应用，已对人类生产和生活方式产生极大的影响，也为经济社会高质量发展注入强劲的动能。在国家出台"十四五规划和2035年愿景目标纲要"基础上，工信部等部门联合出台了《"十四五"机器人产业发展规划》，旨在加快推动机器人、人工智能产业的高质量发展。

为进一步掌握产业结构转型背景下中国制造业企业机器人/人工智能发展现状，促进各项政策更好地落到实处，中国社会科学院人口与劳动经济研究所与南京财经大学经济学院、广东外语外贸大学国际战略研究院等机构开展了"产业结构升级背景下制造业机器人实施状况"企业调研。该调查通过指定样本框和随机抽样、走访和电话调研，最终获得广东111家、江苏128家共计239家制造业企业数据，涵盖企业生产效率、机器人/人工智能应用、人力资源、政策扶持等维度共计143项指标。基于调查的科学性和调查省份的代表性，该调查数据有利于我们进一步摸清机器人/人工智能应用对中国制造业企业提高生产经营绩效、优化用工结构、抵御劳动力成本上升和疫情等社会不确定性方面影响的真实"底数"，并为政策制定部门进一步促进智能制造出台有效政策，提供了基于科学调查数据的决策依据。

本研究调查结果统计分析表明：中国智能制造发展取得了一定成效。中国制造业企业数字化应用不断扩大和能力素质不断提升，为智能制造的发展奠定坚实的基础。截至2020年底，超过60%的制造业企业在财务和人力资源管理、原材料购销和产品生产配送以及客户关系维护等方面都采用了信息化管理模式。财务效应方面，企业引进机器人或人工智能设备可以有效缓解劳动力成本上升、疫情等社会不确定性带来的压力，且能显著提升企业产值、利润，降低生产成本，提高人均效能。人力资源方面，企业引进机器人或人工智能设备对于企业组织架构、内部工作岗位、用工结构和劳动力市场就业需求有一定的影响。但总体来看，机器人或人工智能的应用并非一定直接导致失业。人工智能与劳动力之间确实存在一定的替代和互补关系：低技能以及经再培训无法适应技术进步的劳动力存在被机器人或人工智能替代的可能；但更多的中高技能型人才依然可以与先进技术共存，共同促进经济社会高质量发展。此外，在政策制定和实施方面，政府应根据行业特色实时调整现有政策内容和结构，有效助推智能制造发展。

现将广东省和江苏省典型制造业企业机器人/人工智能应用调查的基本情况、数据分析与地方政策措施启示总结如下。

第一节　样本企业调查的基本情况

一　调查对象

本次调查企业主要位于东部、东南沿海地区两个制造业发达大省：广东省和江苏省。据国家统计局官方数据，广东省和江苏省2020年的GDP分别为110760.94亿元和102719亿元，位居中国省份第一、第二。通过对这两个制造业发达省份的制造业企业进行机器人/人工智能应用状况调查，能更直观地掌握转型升级过程中企业智能制造的现状和面临的问题，对于引领其他地域制造业企业机器人/人工智能发展应用、有效解决同等类型的难题，具有很好的示范效应。

通过走访、电话调查方式，此次调研共回收 251 份有效问卷。按照企业控股类型划分，成功回收的样本企业所有制类型结构分布如下：民营企业 178 家（占比 70.92%），国有企业 14 家（占比 5.58%），港澳台企业 29 家（占比 11.55%），外资企业 30 家（占比 11.95%）（见图 5-1）。

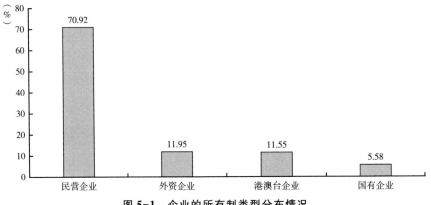

图 5-1　企业的所有制类型分布情况

资料来源：根据 2021 年中国社会科学院国情调研重大项目"产业结构升级背景下制造业机器人实施状况调研"数据计算。

同时，除了烟草制品业、石油煤炭及其他燃料加工业、废弃资源综合利用业以及金属制品、机械和设备修理业，样本企业基本覆盖制造业的两位码行业。从行业分布中也可看出，当前中国工业机器人和人工智能应用主要位于具有相对比较优势的传统制造业中，如纺织业等，而在仪器仪表制造等高端技术制造业中的比重还有待于进一步提高（见表 5-1）。

表 5-1　企业的行业类型分布情况

单位：%

行业	占比
农副食品加工业	0.40
食品制造业	0.80
酒、饮料和精制茶制造业	0.80

续表

行业	占比
纺织业	0.80
纺织服装、服饰业	6.83
皮革、毛皮、羽毛及其制品和制鞋业	0.40
木材加工和木、竹、藤、棕、草制品业	0.40
家具制造业	2.01
造纸和纸制品业	2.41
印刷和记录媒介复制业	4.02
文教、工美、体育和娱乐用品制造业	3.21
化学原料和化学制品制造业	1.61
医药制造业	2.01
化学纤维制造业	0.40
橡胶和塑料制品业	3.61
非金属矿物制品业	1.20
黑色金属冶炼和压延加工业	0.40
有色金属冶炼和压延加工业	0.40
金属制品业	4.42
通用设备制造业	8.43
专用设备制造业	4.42
汽车制造业	10.04
铁路、船舶、航空航天和其他运输设备制造业	0.80
电气机械和器材制造业	13.25
计算机、通信和其他电子设备制造业	21.69
仪器仪表制造业	1.61
其他制造业	3.63
总计	100.00

资料来源：根据 2021 年中国社会科学院国情调研重大项目"产业结构升级背景下制造业机器人实施状况调研"数据计算。

此外，此次调查的企业中，有 45% 的企业属于高科技企业，但仅有 27% 的企业位于高新技术开发区或经济技术开发区（见图 5-2）。

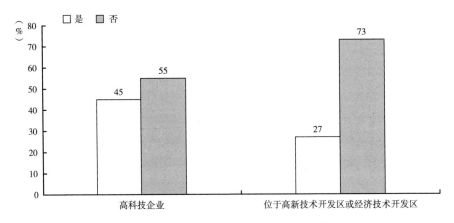

图 5-2 企业的高科技、园区类型分布情况

资料来源：根据2021年中国社会科学院国情调研重大项目"产业结构升级背景下制造业机器人实施状况调研"数据计算。

二 调查的主要统计结果和数据分析

（一）企业的经营绩效

2018年以来，企业平均总产值和平均利润额呈现逐年下降的趋势，且下降幅度逐年增加。其中，2019年平均每家企业总产值为56265.38万元（较2018年下降1.68%），2020年平均每家企业的总产值为55024.67万元（较2019年下降2.21%）；2019年平均每家企业利润额为8382.03万元（较2018年下降12.28%），2020年平均每家企业利润额为7312.27万元（较2019年下降12.76%）（见图5-3）。

（二）企业的资产

2019~2020年，平均每家企业固定资产额呈现逐年增加的趋势，且增长率逐年扩大。其中，2019年平均每家企业固定资产额为74353.14万元（较2018年增长0.86%），2020年平均每家企业固定资产额为76488.36万元（较2019年增长2.87%）（见图5-4）。

（三）企业的成本

2018年以来，平均每家企业的人均生产成本和总工资成本均逐年递增。其中，2020年平均每家企业人均生产成本为64.74万元（较2019年增长

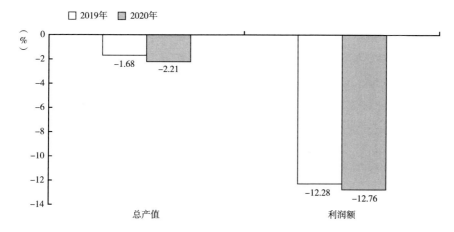

图 5-3　2019~2020 年企业总产值、利润额增长情况

资料来源：根据 2021 年中国社会科学院国情调研重大项目"产业结构升级背景下制造业机器人实施状况调研"数据计算。

21.01%），2019 年平均每家企业人均生产成本为 53.50 万元（较 2018 年增长 11.56%）。同样，总工资成本也呈现相似的规律，2020 年增幅高于 2019 年增幅（见图 5-4）。

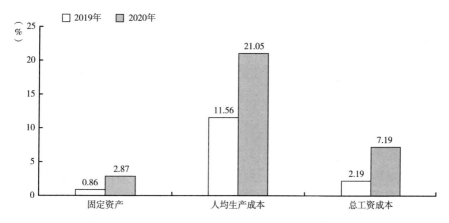

图 5-4　2019~2020 年企业固定资产、成本增长情况

资料来源：根据 2021 年中国社会科学院国情调研重大项目"产业结构升级背景下制造业机器人实施状况调研"数据计算。

（四）企业的用工情况

2018 年以来，平均每家企业用工总量和一线生产员工持续减少，研发人员呈现逐年增加的趋势。具体而言，2019 年平均每家企业的就业人数为 778 人（较 2018 年减少 2.99%），2020 年平均每家企业的就业人数为 765 人（较 2019 年减少 1.67%）；而 2019 年平均每家企业的研发人员为 72 人（较 2018 年增加 1.41%），2020 年平均每家企业的研发人员为 78 人（较 2019 年增加 8.33%）；2019 年平均每家企业的一线生产员工较 2018 年减少 0.78%，2020 年平均每家企业的一线生产员工较 2019 年减少 3.16%。此外，从劳动力地域选择看，平均每家企业选择本地员工的占比以每年 4% 左右的速率逐年下降（见图 5-5）。

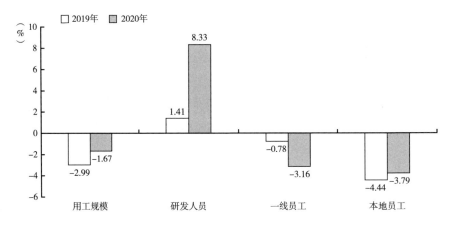

图 5-5　2019 年、2020 年企业用工较上年增长情况

资料来源：根据 2021 年中国社会科学院国情调研重大项目"产业结构升级背景下制造业机器人实施状况调研"数据计算。

（五）企业的人均效能

2019~2020 年，平均每家企业的人均效能在逐年提高。2019 年平均每家企业的人均效能为 65.14 万元，较 2018 年提高 1.3%；2020 年平均每家企业的人均效能为 68.76 万元，较 2019 年提高 5.56%（见图 5-6）。

（六）企业的数字化应用

截至 2020 年底，调查企业中有 60.56% 的企业采用了信息化管理。其中，57.66% 的企业在财务管理中使用了信息化管理系统，51.21% 的企业在

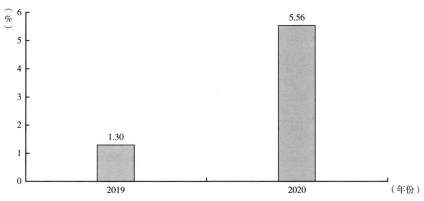

图 5-6　2019 年、2020 年企业人均效能较上年增长情况

资料来源：根据 2021 年中国社会科学院国情调研重大项目"产业结构升级背景下制造业机器人实施状况调研"数据计算。

生产制造过程中使用了信息化管理系统，47.58%的企业在购销存方面使用了信息化管理系统（见图 5-7）。

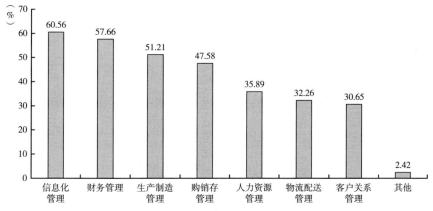

图 5-7　2020 年企业信息化管理应用情况

资料来源：根据 2021 年中国社会科学院国情调研重大项目"产业结构升级背景下制造业机器人实施状况调研"数据计算。

（七）广东省、江苏省制造业企业在机器人/人工智能应用的行业分布

本研究调查显示，广东、江苏两省的制造业企业在机器人或人工智能应用中存在一定的行业异质性。其中，江苏省汽车制造业、电气机械和器

材制造业、通用设备和电子设备制造业企业使用机器人或人工智能设备的比重更高；而广东省在电子设备制造业、医药制造业以及电气机械和器材制造业中应用机器人/人工智能设备的比重较高（见图5-8）。

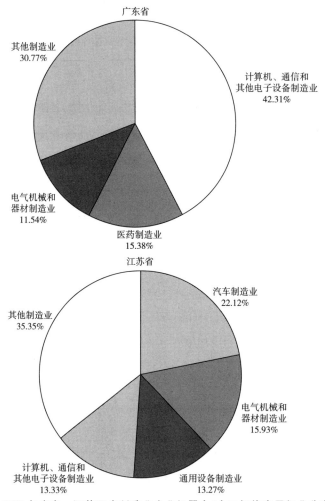

图5-8   2020年广东、江苏两省制造业企业机器人/人工智能应用行业分布

资料来源：根据2021年中国社会科学院国情调研重大项目"产业结构升级背景下制造业机器人实施状况调研"数据计算。

（八）企业的机器人/人工智能应用情况

2019年，有50.6%的企业引进了工业机器人或人工智能设备，较上一年增加了 3.99 个百分点；2020 年底，有 56.18%的企业引进了工业机器人/人工智能设备，较 2019 年增加了 5.58 个百分点；平均每家企业的工业机器人设备现值为 8281.815 万元，其他数控机器设备现值为 22967.3 万元；在工业机器人应用类别上，企业引进更为广泛的机器人主要为多关节机器人、坐标机器人、平面多关节机器人、工厂用物流机器人和并联机器人；经调研，企业现值最大的工业机器人平均使用寿命为 10.38 年，这也与目前市场有关工业机器人的应用年限基本一致；在机器人品牌方面，企业主要采购的是广州数控、埃斯顿、深圳固高、新松、埃夫特及其他国外品牌；机器人用途方面，企业主要在焊接、上下料、搬运、装配等生产和物流环节使用机器人。

（九）企业实施机器人/智能制造战略对企业工作岗位及劳动力就业的影响

对于江苏、广东两省的制造业企业而言，在实施机器人或智能制造战略后，企业内部工作岗位数量增加最多的是研发岗位，减少最多的是生产岗位，基本不变的是管理岗位。此外，虽然企业引进机器人/人工智能设备后对一线生产员工的影响最大，但一线生产员工直接被裁撤的比例仅为 6.97%。引进机器人技术后，一线生产员工有 39.84%通过企业培训实现了内部转岗，其中 19.29%的通过培训人机协作完成了再上岗，14.84%的员工转入企业生产性服务岗位，5.71%转入其他岗位（见图 5-9）。

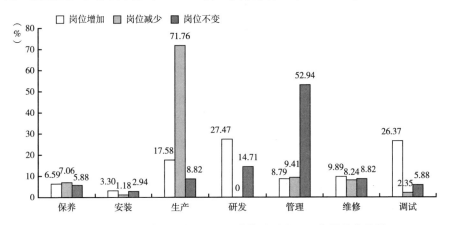

图 5-9 2020 年实施机器人/智能制造战略后企业工作岗位变化情况

资料来源：根据 2021 年中国社会科学院国情调研重大项目"产业结构升级背景下制造业机器人实施状况调研"数据计算。

第二节　制造业机器人、人工智能应用：
基于调查数据的分析

一　制造业企业数字化能力素质显著提升

企业数字化，主要是通过数字技术、数字价值进一步拓宽企业的发展空间。伴随新一代信息技术的不断创新突破，以数据化解复杂系统的不确定性，驱动企业组织改革、过程优化，提升运营效率和自身"供血"能力，优化资源配置效率，已成为当前企业转型升级的重要内容。作为产业、企业创新升级转型的关键性生产要素，企业数据管理体系构建、数字化能力素质的提高，为智能制造的高质量发展奠定坚实的基础。以此次调查数据为例，广东、江苏两省的制造业企业在信息化管理系统应用、数据纵向集成、信息互动联通、生产决策等方面有了一定的发展。其中，超过60%的企业在采购、生产、销售、物流、人力资源、财务以及客户维护等产业链的不同环节采用了信息化管理模式，促进了数据、信息在不同领域的汇集，为智能制造的高质量发展奠定坚实的基础。经调查发现，在采用信息化管理的企业中，有84.2%的企业引进了工业机器人或人工智能，这在一定程度上说明了企业数字化能力的提升对于机器人或人工智能应用具有正向促进作用。从行业分布上看，采用信息化管理的企业主要分布于计算机、通信和其他电子设备制造业，电气机械和器材制造业，汽车制造业，通用设备制造业，专用设备制造业以及制造业其他行业，呈现的规律与机器人或人工智能的行业分类存在一定的相似性（见图5-10）。

近年来，制造业企业在数字化不断进阶的同时，大力引进应用机器人或人工智能，其主要原因如下。一是面临劳动力成本上升、竞争激烈和不确定性凸显的市场环境，企业需要主动采取措施进行转型升级，降低成本。同时，在数字化革命中已然初步搭建起来的数据信息管理体系架构，为企业引进机器人或人工智能设备，提高生产、运营效能提供了可能。二是通过政府的改革政策提升资源配置的宏观效率，激发市场主体的发展潜力。为进一步推动重点产业、特色产业集群数字化转型，探索数字经济下产业

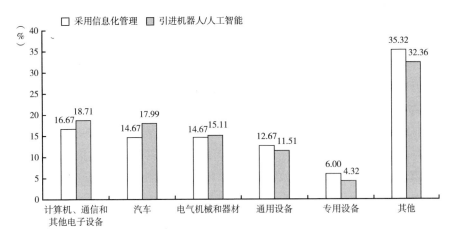

图 5-10　2020 年企业信息化管理与机器人/人工智能行业分布情况

资料来源：根据 2021 年中国社会科学院国情调研重大项目 "产业结构升级背景下制造业机器人实施状况调研" 数据计算。

升级的新业态新模式，广东省、江苏省制定了数字化转型和人工智能政策，激励制造业企业引进机器人和人工智能设备。

二　人工智能应用是制造业企业利润和生产效率提升的重要支撑

与传统生产技术相比，人工智能具有以下优势。一是纵向汇集数据，提高企业分析预测能力，协助企业进行资源整合和生产运营重组，提高企业的生产效率和决策能力。二是机器人或人工智能应用能推进企业组织管理改革和生产流程优化创新，降低成本，形成整体的市场竞争优势。三是机器人或人工智能应用可以创新商业模式，为市场和顾客提供更多更好的多样化、高附加值产品和服务。调查研究发现，2018~2020 年，引进机器人或人工智能设备企业的平均总产值是没有引进机器人或人工智能设备企业的 1.79 倍。2018 年以来，平均每个企业的利润额均呈下降趋势，但在 2020 年，没有引进机器人或人工智能设备的企业平均利润额降幅显著大于引进机器人或人工智能设备的企业。在人均效能方面，2018 年，引进机器人或人工智能设备企业人均效能至少是没有引进机器人或人工智能设备企业的 1.6 倍，2019 年扩大到 1.97 倍。

技术创新能力是企业创新能力最为核心的组成部分，企业产值、利润和人均效能的增加有赖于创新要素新动能的释放，因而以人工智能应用过程中产生的专利所带来的产值效益、节省的人工成本和能耗成本则是企业创新促进生产效率、产能提升的最为直接的体现。调查数据表明，引进机器人或人工智能设备的企业所带来的发明专利可为企业带来26%的产值或效益，减少19.29%的人工成本，节约了12%左右的能耗成本。

三　人工智能应用显著优化企业人员结构、提升就业质量

随着科技革命的深入推进，科技创新速度和技术水平日新月异。有的研究从人工智能技术应用与就业需求和企业工作岗位之间的关系变化趋势，得出未来人工智能技术应用将在企业生产、管理、运营等方面占据很大的比重，很多原来由劳动力投入的工作岗位逐渐被替代。有的研究认为，技术进步对劳动力就业和岗位优化的影响，不仅应从技术操作层面的可实现性来考虑，更要从企业运营的成本—收益视角出发。例如，企业在未来生产、管理等条线是否会采用人工智能技术，以及采用哪些和如何采用，都需要考虑人工智能技术在替代劳动力时产生的成本和进行收益权衡。此外，技术进步对劳动力市场的影响是多维度的，它在减少劳动力就业的同时创造相应的就业需求，促进劳动力在不同行业、行业内不同岗位的流动和转移。

人工智能应用是否会大规模地取代制造业一线生产员工，造成失业冲击，并由此导致技术拥有者与工人之间的收入差距增大形成两极分化，这个问题也是本研究调研的重要内容。实地调查研究发现，制造业企业引进机器人或人工智能设备在短期内并不会造成大范围的人员失业。一方面，企业引进机器人或人工智能设备后对不同工作岗位的劳动力结构进行了调整，减少一线生产员工的使用。6.97%的一线员工直接被裁撤，其余的一线生产员工则通过企业培训实现内部转岗、通过培训人机协作完成再上岗和转入企业生产性服务业三种途径进行了工作岗位的调整。另一方面，在减员的同时，企业又新增了部分工作岗位。其中，技术研发岗位和与机器人、人工智能所需技能匹配的生产型、辅助型岗位依然是重点发展岗位。

具体而言，在实施机器人或智能制造战略后，研发、管理、生产、安

装、调试、维修、保养等工作岗位中，增加最多的是研发（27.47%）、调试（26.37%）和与人工智能有关的生产岗位（17.58%）；减少最多的是低技能的生产岗位（71.76%），其次是管理岗位（9.41%）。但值得注意的是，新增的高技能型岗位数量并不能完全覆盖被削减的部分。企业新的人员招聘计划也间接证实了这一点：81.98%的企业选择了新增技术工人招聘，50.45%的企业选择了新增研发人员招聘，30.63%的企业选择了拟新增运营管理人员招聘。进一步地，企业对于高校毕业生专业的需求迫切程度问项中，57.45%的企业更青睐电气专业的毕业生，44.68%的企业迫切需要人工智能专业的毕业生，而25.53%的企业则对机器学习算法专业的毕业生表示欢迎。这也说明了技术进步会进一步调整不同技能劳动力的就业结构，增加对技能水平高、受教育程度高的工人的需求，通过对低技能人员进行培训、转岗等方式，提升劳动力质量，进而实现人岗匹配。

四　疫情等不确定性外生冲击推动企业人工智能技术应用

2020年，新冠疫情在全世界范围内蔓延。在疫情影响的背景下，人工智能在医疗、城市治理、制造业、非接触服务等产业加速应用，人工智能技术从"云端"到疫情期间实现产业应用，在疫情期间对促进经济恢复起到了重要作用，也提高了疫情时期的经济运行整体效率。在疫情防控新阶段，长周期的经济恢复与发展成为重点，这要求人工智能技术发挥未来产业引领效应，通过与传统制造业产业的深度融合，人工智能技术促进制造业产业向数字化、智能化转型，催生新的产业模式，实现转型升级创新式发展。从需求端看，长期的经济转型和短期的抗疫恢复造成双重牵引，企业已充分认识到加速数字化、网络化、智能化转型是必然趋势；从供给侧来看，人工智能技术作为国家重要战略发展至今，产业各生态层不断丰富成熟。疫情这一突发性事件也极大地促进了企业引进机器人或人工智能的步伐。具体表现为，因为疫情，27.49%的企业增加了机器人和人工智能的使用；51.79%的企业计划未来三年内扩大机器人和人工智能的使用；20.72%的企业计划未来三年内因扩大机器人和人工智能使用而进行减员；47.81%的企业计划未来三年内因扩大机器人和人工智能使用组织新的招聘。

五　中国制造业工业机器人应用向纵深迈进

2000 年前后，国外资本相继进入中国并占领机器人市场，特别是在中国汽车工业应用广泛的产业链。而中国公司发展以产品代理和集成为主，仅有沈阳新松等零星品牌效益初显，进入本体市场。经过 10 余年的发展，虽然国外资本在机器人市场中仍占尽优势，但本土机器人企业在政府相关产业政策的积极支持下，借助产业链整体的高速发展态势，也得到了跨越式发展。本土人工智能系统研发水平提升，竞争优势显现，并逐渐向产业链的中上游拓展，在高端产品市场和高技术水平上与外资巨头进行竞争。2018 年前后可谓是中国制造业工业机器人市场的调整期，通过激烈竞争和资源整合，落后产能得到有效淘汰或升级，部分核心技术零部件在国产工业机器人和人工智能机器中的使用率显著提升，智能控制和应用系统的自主研发水平不断进步，制造工艺的自主设计能力也不断加强，国产品牌竞争力和国产化率持续提升。

调查研究发现，当前制造业工业机器人应用虽然仍以国外品牌为主，但广州数控、深圳固高和新松这样的本土品牌也正在机器人应用市场上占据一席之地，国产工业机器人正逐步获得市场的认可。具体而言，已有近30%的企业所使用的现值最大的工业机器人品牌为国产品牌。此外，已有22.31%的企业拥有人工智能发明专利。而在工业机器人应用场景和类别上，企业应用更为广泛的机器人主要为多关节机器人、坐标机器人、平面多关节机器人、工厂用物流机器人和并联机器人，制造业企业机器人应用已进入中游本体阶段，正向上游系统集成发展。

六　人工智能扶持政策应进一步优化完善

机器人或人工智能技术的研发、制造和应用作为衡量科技创新水平的重要标志之一，代表着智能装备产业链的未来发展方向，也是新时期实现经济产业结构转型升级、社会高质量发展的内在需求。为快速培育和发展机器人产业、引领和实现智能制造，近年来，广东、江苏两省围绕机器人、人工智能发展，出台了一系列智能制造强省的政策。围绕智造强省的目标，各级地方政府通过财政补贴、税收减免等政策措施，通过创建和实施智能制造引领项目，促进制造业实现转型升级、提质增效。在制造业的某些细分行业领域内，已有部分企业达到并引领世界先进水平。

调查研究发现，整体上有85%的企业获得过机器人购置补贴、机器人或人工智能研发补贴等政府扶持。然而，细分来看，仅有23%的企业获得过智能制造重大产业项目补贴，仅有17%~19%的企业获得过机器人购置补贴，仅有15%的自主研发机器人企业获得过研发补贴，仅有14%的企业获得过互联网、云计算、大数据等信息技术与制造业融合扶持补贴。从获得扶持政策的级别上看，38%~39%的企业获得的政府政策扶持为省市级，而20%的企业获得区县政策扶持，仅有不到10%的企业获得国家级政策扶持。从扶持政策的种类上看，企业获得的政府政策扶持内容依次为事后评估补贴、税收减免、人才引进补贴、事前现金补贴和贴息贷款等。这说明，一方面，国家有关机器人或人工智能发展的扶持政策取得了一定的成效，对于制造业企业人工智能发展产生了积极的正向作用。但在政策扶持内容和结构上，未来还需进一步研究优化完善，以期有效激励企业进行技术研发和智能制造。另一方面，虽然企业在技术研发创新方面通过投资、"干中学"等措施取得了一定的发展，但在关键技术研发创新方面并未完全实现突破，仍需通过技术引进来实现自身发展，企业的"自我造血"能力还有待进一步提升。

第三节 地方产业政策的经验和启示

根据"产业结构升级背景下制造业机器人实施状况调研"项目的问卷调查、入企实地访谈以及电话调研，本章结合广东省、江苏省促进智能制造和机器人产业发展的地方政策经验，提出以下建议。

一 推动智能制造发展需要，营造更为便利的宜商环境

首先，基于社会经济发展需求，优化并创新政府管理模式，进一步转变和完善政府服务职能，为企业引进和发展机器人或人工智能设备所需的人才、融资等方面提供更加高效、便捷的政府支持，努力打造企业机器人引进和创新的宜商环境。其次，结合地方产业发展特色，因地制宜地制定

和实施机器人产业发展的战略规划和政策标准，给予大力扶持和培育，保障企业在机器人制造、应用等方面的市场供给和需求，提升机器人在技术创新、品牌创造方面的示范作用。又次，坚持发挥企业在市场资源配置中的主体作用，通过增强机器人产业在重点领域的关键核心技术力量，构建以产业化运营为主要方向的市场知识产权保护战略布局。科学运作市场专项基金，为机器人产业知识产权专业化运营提供支撑。通过构建和完善知识产权预警和监管机制，切实维护制造业企业在机器人产业领域的合法利益。最后，通过创新方式方法积极开展宣传推广，例如在省、市、县产业园区内举行"智能化、数字化转型"活动，通过政策解读和典型案例分享，带动产业链上下游企业快速发展。

二　加强优势企业集成应用创新，提升企业"造血"能力

加速智能技术基础研究和应用研究的衔接融合，打造全链条、一体化的技术创新应用场景。充分发挥以微观企业为主体、市场为导向的资源配置作用，形成产业、教学和科研等多方相融合的创新平台。围绕产业链、价值链、创新链、人才链"四链融合"，提高不同环节和关键领域的创新能力，实现科技成果的产业转化。

快速搭建各类技术和知识产权交易平台，以产业龙头企业、大型骨干企业和科研院所为依托，以关键技术研发、成果转化落地为导向，打造一批在国内外均具有竞争力的智能制造研究平台，促进创新要素的高效流动和有效配置。引导并支持地方优势企业申报建设国家级或省级重点科研平台，以工业机器人、人工智能等智能制造领域为目标，形成一批旨在解决"卡脖子"问题的制造业创新中心或智能制造创新基地。

优化顶层设计，推动企业生产、管理、运输、销售等环节在信息共享上的互联互通，推动制造业企业在研发设计、生产制造和运营管理等方面实现业务流程的优化升级。在此基础上，实施企业数字化、智能化专项行动，引导企业在组织管理架构、运营流程上进行改革，从而提升企业生产、管理效率。加强企业间合作交流，完善工业企业物联网平台建设，共享先进技术经验，实现整个产业链数字化转型，从数字技术方面提升企业自身的"造血"能力。

三 系统推进工业机器人应用，突出区域和价值链特色

对标国家发展战略，瞄准市场和产业未来发展趋势，加强重点领域的技术攻关和创新研究，形成一批极具市场竞争力的关键性技术，占领产业链发展的制高点。依托产业链龙头企业和一批创新型企业，联合开展关键核心技术攻关，构建产业技术创新企业联盟，实施协同性创新。

厘清工业机器人和人工智能发展和应用规律，促进机器人和人工智能应用与场景匹配。当前，我国工业机器人和人工智能应用主要位于具有比较优势的传统制造业，半导体等高端技术制造业中机器人和人工智能的应用比重还有待提高。未来推进制造业装备技术转型升级，需要结合不同地区的产业比较优势，对传统的生产流程或者生产线进行技术改造，促进产业链重点、关键环节的突破，从而避免跟风式地盲目"机器换人"。就机器人或人工智能应用对于劳动力市场及就业岗位的影响来讲，未来应积极引导企业在劳动环境恶劣、劳动工作重复繁重以及适宜智能化的岗位引进机器人或人工智能设备，降低成本、提高生产效率的同时，也体现了人文关怀。

发展一批高精专特色突出的基础智能制造，掌握先进控制与优化、系统协同等智能制造基础共性技术，攻克核心智能测控装置与部件难题。依托优势企业，集中力量重点推进自动化控制、数字化设计、数控系统、伺服驱动、增材制造（3D打印）、精密成形、激光加工、工业机器人、智能光电子等领域核心技术、软件开发、关键零部件及加工材料等取得突破，促进重点领域跨越发展。

四 加快推进制造业与服务业之间的产业融合

加快推进工业机器人产业和人工智能产业发展的生态链建设，不断完善机器人上下游产业链，夯实和弥补在芯片研发、智能操作和服务等方面的基础性短板。加快工业互联网建设，推进"互联网+智造"协同共享。鼓励国产品牌借助软件研发与应用相结合的智能制造平台技术，实现在核心零部件制造、智能控制系统升级等深度研发和智造能力方面水平的提升。基于技术水平更新速度快的特征，要更准确地把握人工智能发展趋势，加

大基础性、通用性技术研发力度，拓展前瞻性技术产业布局。进一步完善工业机器人、智能服务型机器人和智能制造全产业链的配套设施建设，促进一般性生产服务行业向智能制造方向转型。

同时，加强云服务支撑能力建设，发展地区大数据、智能制造云服务产业，推动大数据、人工智能与工业机器人的深度融合。以装备制造、信息化服务和科研为核心，以互相融合的工业云产业技术联盟为基础，打造工业领域的公共云技术服务平台，实现工业企业在数据管理、软硬件服务等方面的资源共享，推动智能制造需求与社会资源的有效衔接。开展"云数控""云机器人"示范应用。以大数据为驱动，重塑产业竞争优势。促进第三方大数据咨询服务平台建设，发挥大数据资源对工业企业运营管理以及经济有效运转的支撑作用。加强数据采集等关键工业零部件和设备的研发以及生产线集成应用。以大数据分析为基础，促进相关技术工艺改进、过程管理优化等智能技术应用。引导并鼓励企业在运营管理、生产制造、营销运输等各环节运用大数据分析技术，进一步提升企业数据管理效率和营运效率。

五　优化机器人产业政策内容，提升政策扶持效率

进一步优化和整合财政专项资金，以重点项目支持为导向，引导企业引进工业机器人技术、参与技术研发及平台建设。积极落实国家在推进机器人产业发展中的财税减免、补贴创新等财政支持措施。优化政策引导，建立并完善综合、多方位政策支持机制，统筹事前激励、事中管理、事后检查等全流程动态评价，切实发挥财政资金的引导和激励作用。鼓励有条件的地方政府在上级财政支持的基础上，给予相关企业奖励和补助，从而形成政策上的叠加效应。

促进区域协调。加快制造业智能产业园区建设。鼓励重点地市依托现有产业力量，布局发展优势产业集群。通过创新服务模式，搭建服务平台，实现优势资源共享。提升园区硬件、软件等综合配套能力，加大招商引资力度，引进国内外知名企业入驻，形成集聚效应和产业特色。以人工智能制造为重点发展方向，引领建设一批创新能力突出、辐射带动作用强的省级、国家级新型智能化、工业化示范基地。

六 优化智能化制造业升级的地方融资政策

基于制造业行业特性，鼓励金融服务机构进行针对性的金融产品和服务方式创新，通过开设制造业企业绿色服务通道，扩大对制造业企业智能制造信贷投放。此外，鼓励金融企业积极探索产融合作新模式，实现数字化产融协作。同时，在中长期信贷和中小企业支持方面，引导金融机构加大力度投入，推动企业数字化革新、技术改造。

在银行间债券市场中充分发挥"政府积极引导、市场自主运作"原则性引领作用，支持有能力且符合条件的企业通过债券融资方式，引导并实现社会资金有效支持企业智能制造发展，特别是在重点行业、先进装备制造业发展领域。同时，鼓励探索企业进行工业机器人或人工智能装备租赁以及融资租赁的模式，积极开展相关租赁业务，建立并完善工业机器人或人工智能装备的融资租赁担保机制，充分发挥金融借贷作用。

七 打造国产自主知识产权的智能制造品牌

夯实基础制造，组织实施工业强基工程。强化前瞻性基础研究，充分利用现有资源构建基础工艺和关键性技术创新体系，开展关键制造工艺、加工的技术攻关。开展工业强基示范应用，积极落实新材料、关键智能部件的首台（套）、首批次保险补偿机制政策。

提升制造业企业智能制造标准化和质量水平。鼓励企业、科研机构等社会不同主体参与国内外的标准制定和修订工作；促进行业协会、产业联盟等在智能制造方面的团体标准制定和应用。强化科技创新与标准的融合，加快推进智能制造标准国际化，开展智能制造领域标准比对分析、标准互认，推动装备、技术、产品、服务走出去，打造"中国制造"金字品牌。

加强智能制造品牌等知识产权保护，促进智能制造技术创新与产业、法律等政策相衔接，形成智能制造的"组合拳"。鼓励企业在自主知识产权品牌打造上追求卓越。鼓励引进先进技术，加快对生产流程或设备的绿色改造，在企业内部积极推行低碳、集约的发展模式，提高企业在低碳、环保等方面的社会效益。

八 利用区域资源加强智能创新人才支撑

以国家、省、市人才培养重大专项和示范工程以及重点领航企业为依托，为智能制造培育领军型人才和创新创业型团队。用好用活股权和分红激励政策，激发企业高技能人才的创新创业活力。在人才引进、培养管理、过程评价等方面深入探索灵活适宜的保障政策，为企业引进和培育高素质人才打造一个宽松的环境。

深化产教融合，鼓励骨干企业与高校开展协同育人，建立多层次、多类型的专业型、技术型人才培养和服务体制机制。促进各类科研院所与制造业企业进行跨学科交叉资源整合，合理调整和设置相关专业，创建产业人才培育基地。搭建多方参与的产业技术联盟，促进关键技术创新攻关，实现成果产业化转化。

提升在职人员的技能水平。进一步完善企业培训体系、岗位轮训体系，储备与人工智能技术相匹配的实用型技能人才。组织数字化管理、生产、运输等专题培训班，依托物联网平台建设企业智能化人才培训基地，培育一批高技能劳动力。

第六章
工业机器人应用对中国制造业企业就业和工资的影响

　　机器人是科技的产物，科技与经济社会联系最为紧密，科技的每次进步几乎都伴随着生产力的极大发展，给经济社会带来巨大的变革。以蒸汽机为标志的第一次工业革命时期，工厂代替了手工工场，机器代替了手工劳动，生产力突飞猛进对工业乃至社会产生了巨大的影响。第二次工业革命也不例外，电器代替机器，人类社会进入"电器时代"，生产力进一步发展，各式各样的科技产品使得社会面貌发生了翻天覆地的改变。如今进入工业4.0时代，社会生产正在逐步趋向于自动化、智能化。中国正处于经济转型发展期，同时也是面临人口红利消失、人口老龄化等诸多问题的关键时期，人工智能的发展是中国进行产业转型升级的必然选择，机器人是人工智能的代表，认识其对中国劳动力市场带来的影响，对于发挥机器人的优势显得尤为重要。

　　为了能在企业微观层面深入剖析机器人在中国的使用情况，以及相关企业的劳动力需求情况，本章主要采用了以下两个微观数据：其一是2020年在江苏和广东开展的"产业结构升级背景下制造业机器人实施状况调研"数据，包含了128家江苏省企业和111家广东省企业。其二是中国企业—员工匹配调查（CEES）数据，该数据采用更为严格、科学的随机分层抽样，在 2015 年、2016 年对广东和湖北两省，根据制造业就业人数抽取了 20 个区县，每个区县抽取了 50 个样本企业，2018 年类比之前的抽样方法，调查范围从广东和湖北两省扩展到广东、湖北、四川、江苏和吉林五省。以上两份数据都聚焦于中国机器人相关问题，为企业层面描述工业机器人在中国的发展现状提供了准确的资料。因为所采用的数据都是基于制造业，本章在下文中提到的机器人均指工业机器人。

本章围绕机器人应用对劳动力市场影响的两大要素——就业和工资而展开；第一节讨论了机器人的应用与就业的关系，阐述了机器人的应用对就业可能存在的各种影响；第二节分析了机器人的应用与工资的关系，机器人对工资的影响需要根据不同职业不同行业具体讨论；第三节提出了本章的基本结论并针对可能存在的问题给出了相应的建议。

第一节　机器人应用与就业

国际机器人联合会（International Federation of Robotics，IFR）对机器人的定义是，工业机器人是一种自动控制、可再编程、具备完成多项任务能力的机器。按照此定义，工业机器人可以在一定程度上代替人类完成一些重复可编程、单调的工作。当前人工智能技术处于加速发展通道，在未来的劳动力市场当中必将扮演更重要的角色。

从经济学的角度分析机器人应用与就业的关系。就业市场上存在劳动力的供给与需求平衡，一方面，机器人具备一定的工作能力可以代替人，对就业存在挤出作用；另一方面，机器人也属于企业投资，促使企业扩大生产，创造更多对劳动力的需求。根据调研数据，机器人应用引起的失业约占总就业比例的 0.38%，如果进一步考虑到企业对职业新增的需求，推算机器人应用引起的失业率可能更小。总的来说：考虑到企业与员工之间的契约合同，企业不能在短时间内单方面解除与员工的雇佣关系，在短期内机器人的应用对就业影响较为温和。

本节的结构安排为：一是讨论机器人应用对就业可能存在的促进和替代作用，并用调查数据加以支撑；二是讨论机器人应用影响就业的职业异质性，机器人应用对不同职业的影响不同；三是阐述机器人应用与员工教育之间的关系；四和五分别讨论机器人应用对地区和行业异质性；六是说明机器人应用可能更是对劳动力稀缺的反映。

一　机器人应用对就业存在替代作用与促进作用

一方面，机器人应用对劳动力存在替代作用。早在 20 世纪初，凯恩斯就有人类将面临"技术性失业"的预言。从企业成本收益的角度，当企业认为机器人的成本低于工资成本抑或机器人的效率高于人工效率，人力就会被机器人所取代，使企业节约成本、提高生产效率，在多变的经济环境中具备更强的适应力和竞争力。另一方面，机器可以促进产品的标准化和精确化，可以最大限度保证产品的稳定。

在制造业企业中，一线生产员工往往是企业的主体部分，他们从事着标准化、重复性的工作，机器人的引入首先影响的是这一批人，影响的主要方式是岗位的转变。根据本次在江苏和广东调查所得到的数据，减少的一线生产员工数为 6467 人，占被调查企业一线生产员工总数的 5.4%，占所有员工总数的 3.4%。但并不是所有减少的一线生产员工都面临失业问题。

根据图 6-1 可以发现，在减少的一线生产员工当中只有 11.21% 被裁员，被裁员的员工占员工总数的 0.38%，其他的被替代的员工都会以各种形式实现工作的转换。超过半数的部分会选择向企业内部已有的其他岗位转岗，也有 21.76% 的一线生产员工熟悉机器相关的工作从而实现人机协作，另外有很小一部分转向围绕机器的生产服务岗，比如机器的售后维修等。

根据调查，有 83.4% 的企业在未来的一年当中并没有因为扩大机器人和人工智能的使用而有减员计划。在我们的调查当中，真正被裁员的员工仅占 0.38%，但是基于中国庞大的劳动力人口基数，真正受机器人影响的人数不在少数，但是大多数企业在短时间内不会采用大规模的机器人，所以政府可以采取许多行之有效的措施缓解工业机器人应用给就业带来的负面影响。

另一方面，在理论上机器人的应用还会对就业存在促进作用。机器人对就业的促进作用主要有以下几个可能的机制。一是企业方面，应用机器人会减少企业经营成本，企业获得更大利润从而扩大生产规模，进

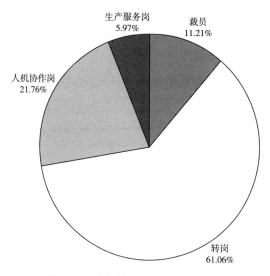

图 6-1　减少的一线生产员工去向

资料来源：根据 2021 年中国社会科学院国情调研重大项目"产业结构升级背景下制造业机器人实施状况调研"数据计算。

而增加对劳动力的需求。二是企业应用机器人导致生产效率提高，产品价格下降，会引致市场更多的对产品的需求，从而会扩大生产规模，增加对劳动力的需求。三是机器人在取代一部分岗位的同时也会创造出一些对技能要求比较高、专业性较强的新岗位，比如机器人的编程、维护维修等。

实际调研数据也发现，机器人促进了工人在岗位间转移，同时对新岗位创造有积极的影响。从我们对一线生产员工的调查情况来看，不少被替代的一线生产员工完成了向新岗位的转型，在企业内部进行了转化。此外，根据调查数据，67 家企业（占采用机器人企业的 54.5%）因为采用机器人引致了更多种类的劳动力需求，增加的岗位需求最多的是关于机器人的协作、维护、调试和编程。

二　机器人影响就业的职业异质性

根据上文的分析我们发现，机器人的引入会导致企业对劳动力需求的变动，这种变动并不仅仅体现在就业总量上，也体现在就业结构上。调查发现一个较为普遍的趋势：企业正在逐渐减少对一线生产员工的需求，逐渐增加对研发、管理等具有中高技能人群的需求。

图 6-2 中体现了这一趋势。图 6-2 给出了企业员工、一线生产员工、研发人员、管理人员、销售人员和其他服务人员的平均数量在三年内的变化情况。平均的总体员工数量在三次的调查中大致呈现增长的势头，在 2015 年至 2017 年增长较为明显，企业平均规模有所扩大；平均一线生产员工数、销售人员数、其他服务人员数大致维持平稳的水平；而研发人员和管理人员数在三年中呈现不断增长的趋势。总体来说，一个企业中一线生产员工仍占主要地位，研发人员虽然人数不多，但是数量在不断增长，说明其在企业的重要性越来越大；管理人员数量虽然也在增长，但是增速不及研发人员，2017 年平均研发人员数已经超过了平均管理人员数。

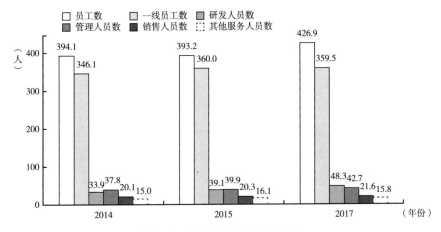

图 6-2　不同职业员工平均人数

资料来源：根据 2015~2018 年中国企业—员工匹配调查（CEES）数据计算。

这一趋势在图 6-3 中更加明显。图 6-3 展示了我们关心的一线生产员工、研发人员和管理人员在企业内部的占比情况。一线生产员工的占比逐年下降，从 2014 年的 64.8% 降至 2017 年的 62.5%，三年时间内下降了 2.3 个百分点；研发人员的占比逐年上升，从 2014 年的 5.1% 上升到 2017 年的 7.1%，上升了 2 个百分点；管理人员的占比几乎没有变化，三年中维持着 10% 以上的占比。企业层面的员工结构正在逐渐发生变化，以一线生产员工为代表的低技能群体占比正在下降，而象征高技能的研发人员占比正在上升，印证了之前的趋势。

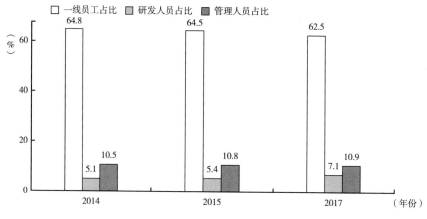

图 6-3　不同职业的占比情况

资料来源：根据 2015~2018 年中国企业—员工匹配调查数据计算。

现今市场竞争激烈，创新是企业保持竞争力的不二法门。在企业中，创新的作用越来越大，创新就意味着能抢占市场先机，能获得更高的利润，为企业发展提供新动力，而创新的主体是人，具体来说是企业中的研发人员，这一点是机器人所不能替代的。从数据中可以了解到，随着近年来机器人的快速发展，一线生产员工从事的简单机械的工作容易被机器取代；同时研发人员的重要性越来越大，在企业中的占比逐年上升，可见创新的重要性已经得到企业的广泛认同。

人工智能发展对就业结构的影响意义深远，意味着企业逐步建立起以创新为导向的体系，同时伴随着企业的业务运营模式改善、员工整体水平提高，从整体上提高企业生产率、增强企业竞争力，最终促进整个行业的转型升级。

三　机器人的应用与员工教育

在上文中我们发现了机器人会对不同职业的员工产生不同的影响，决定不同职业的因素是员工所受的教育不同，本部分将着重讨论机器人应用与员工所受教育之间的关系。在实际工作场景之中，受教育程度比较高的员工承担复杂的脑力任务的概率越大；受教育程度比较低的员工虽然可以依靠多年的工作经验完成一些复杂的劳动，但依然是承担简单机械任务的概率更大。从这个角度看，机器人应用更有可能替代受教育程度比较低的员工，对受教育程度比较高的员工影响则较小，而且随着技术的发展，高学历的工人越有可能与技术互补，需求可能更大。

图6-4展示了不同受教育程度员工所占的比例，直接印证了上述猜想。初中及以下和高中学历群体仍然是被调查企业员工的主要组成部分，占总体员工的70%以上。学历越高所占比例越低，高中学历占比在30%以上，大专和本科及以上出现了断崖式的下降，三次调查中大专学历占比均在10%左右，本科及以上学历占比始终在10%以下。企业的员工受过高等教育的比例在20%左右。从时间维度看，随着时间推移，初中及以下的学历占比逐渐降低，从2014年的51.57%降低到2017年的44.7%；大专和本科及以上学历的员工占比随着时间推移而增加，大专学历占比从2014年的9.53%上升到2017年的12.6%，本科及以上学历占比从2014年的6.56%上升至2017年的8.71%。随着机器人的发展，企业自动化程度提高，会挤出部分低学历的劳动者，同时增加高学历劳动者的比例。

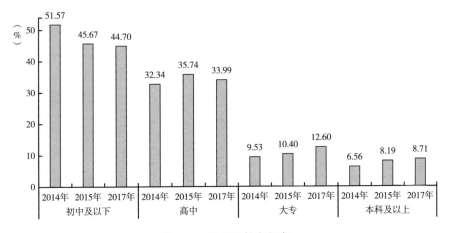

图6-4　员工受教育程度

资料来源：根据2015~2018年中国企业—员工匹配调查（CEES）数据计算。

机器人的发展也对员工技能产生了新的需求。图6-5揭示了制造业企业对四种技能毕业生的需求情况，横坐标从0到10表示需求的迫切程度，10表示最为迫切，纵坐标表示选择该程度的企业所占比例。四种技能分别是：大数据分析、机器学习算法、人工智能和工业互联网技能。对这四种技能需求的制造业企业的分布存在极化，要么需求很急迫，要么完全没需求。需求十分急迫（迫切程度在8及以上）的企业占比在30%~40%，同时没有需求或需求完全不急迫（迫切程度在2以下）的制造业企业占比在50%左右。

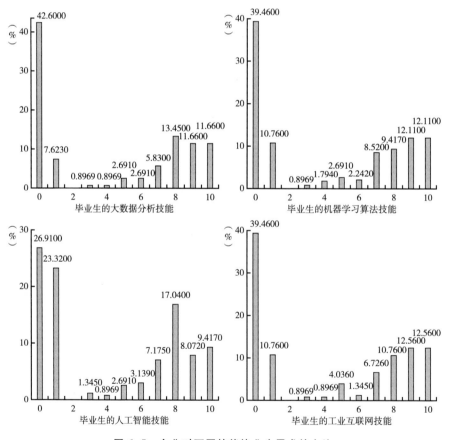

图 6-5　企业对不同技能毕业生需求的占比

资料来源：根据2021年中国社会科学院国情调研重大项目"产业结构升级背景下制造业机器人实施状况调研"数据计算。

目前中国在机器人及其相关行业的人才供给十分紧缺。一方面，随着互联网的普及，人工智能等新兴技术能被更多的企业所运用，企业可以从技术中获得科技红利，所以企业对相关技能的毕业生有更大的需求，但是中国相关人才的供给存在相当大的缺口。另一方面，随着大数据、人工智能产业兴起壮大，企业对这些毕业生的需求也会越来越大。2017 年发布的《国务院关于印发新一代人工智能发展规划的通知》中指出当前中国正面临"人工智能尖端人才远远不能满足需求"的问题。2020 年工业和信息化部人才交流中心发布的《人工智能产业人才发展报告（2019~2020）》中提到当前中国人工智能产业内有效人才缺口达 30 万。根据高盛《全球人工智能产业分布》公布的数据，2017 年中国的新兴人工智能项目占全球的 51%，数量上已经超越美国。但全球人工智能人才储备方面，中国只有 5% 左右。

四 机器人影响就业的地区异质性

机器人发展在不同地区的差异明显。2021 年中国电子学会发布的《2021 中国机器人产业发展报告》，根据地理区划和机器人产业实地发展基础及特色，划分出京津冀、长三角、珠三角、东北、中部和西部共六大机器人产业集聚区域。长三角地区、珠三角地区和京津冀地区机器人企业数量众多，高校众多。机器人企业集中地区往往是具备工业基础、市场发展相对成熟的地区，这些地区有着对高端制造更为旺盛的需求。这些地区企业众多，竞争激烈，为了提高生产率，更有可能采用机器人，对就业产生更大的影响。

根据 2018 年 CEES 数据，调查的吉林、四川、广东、江苏和湖北五省，2017 年应用机器人的企业所占比例并不相同，机器人发展程度也不相同。其结果如图 6-6 所示。2017 年中国应用机器人的企业平均占比为 16%，广东省和江苏省应用机器人的企业占比超过了平均水平，分别为 20% 和 23%；吉林省、四川省和湖北省应用机器人的企业占比明显低于平均水平，分别为 15%、12% 和 11%。

江苏省拥有长江三角洲核心地域，经济实力强劲，工业自改革开放以来迅猛发展，成为工业强省，工业增加值常年位列全国前三。机械、电子、化工和汽车制造业更是作为江苏省的支柱产业，为机器人在江苏省的发展

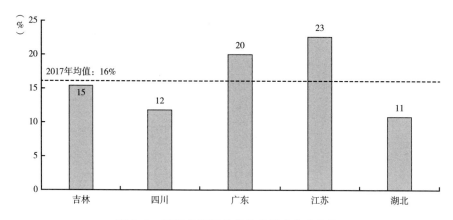

图 6-6　2017 年不同省份的机器人企业占比

资料来源：根据 2018 年中国企业—员工匹配调查（CEES）数据计算。

打下了坚实的基础。广东省同江苏省一样坐拥珠江三角洲，也是中国的工业强省、经济大省。长期以来，珠三角地区经济发展依靠廉价的劳动力发展劳动密集型产业，现如今珠三角在原来的基础上发展高技术制造业和高技术服务业，形成以家电制造、电脑、通信设备、消费品制造等为代表的产业集群，同样为机器人在广东省的发展提供了良好的环境。吉林省位于老工业基地的东北地区，从产品设计研发到制造，制造业体系较为完整。吉林省依托雄厚的制造业发展基础，为机器人及智能制造产业提供了良好的发展条件。四川省和湖北省的工业基础相比之下较为薄弱，机器人发展的速度也相对缓慢。

广东和江苏的机器人在企业中使用比例是最高的，企业规模在这两个省份也最大，即单位企业就业人数是最多的。图 6-7 的纵轴是 2017 年各省的平均企业规模与 2017 年所有企业规模（413 人）之差，广东省和江苏省是高于均值 413 人最多的省份，均高出 200 人以上；湖北、四川和吉林省的企业平均规模低于均值。结合图 6-6 和图 6-7，不难发现，机器人在企业中应用比例更大的省份，其就业规模往往更大。正如在前文提到的机器人在企业的应用对就业具有促进作用，通过增加企业的生产效率，降低劳动力成本，获得更大的利润，从而能有更大的规模。

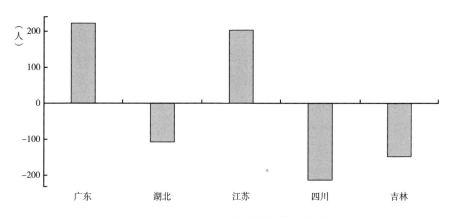

图 6-7 2017 年不同省份企业规模平均情况

资料来源：根据 2018 年中国企业—员工匹配调查（CEES）数据计算。

五 机器人影响就业的行业异质性

机器人应用对就业的影响可能因为行业不同而不同。这里将制造业行业大致分为：化工制造、电子机械制造、食品饮料加工制造、金属或非金属加工制造、汽车制造、其他运输工具（轮船、火车和飞机等）制造、造纸和纺织以及其他制造业。每个行业都有其自身的特性，机器人对这些行业的影响很有可能因为不同的行业特点而不同。

图 6-8 反映了不同行业的平均规模与应用机器人企业占比的关系。其中每个点的纵坐标都代表该行业企业在 2017 年的平均规模，以人数来表示；横坐标表示 2017 年该行业中应用机器人的企业占该行业所有企业的比重。图中两条虚线交叉的点表示 2017 年均值，即所有企业平均规模为 346 人，应用机器人企业占所有企业比重为 16%。以两条虚线将整个画图区域分为四个部分，可以发现大部分行业都落在了左下方和右上方的区域。右上方的区域有电子机械、交通运输和汽车制造业，这些企业的机器人应用比例和企业规模均高于均值；同时左下方区域的企业有纺织业、造纸业、化工材料和非金属材料制造业等，这些行业的应用机器人比例和企业规模均低于均值。

另外从图 6-8 中可以明显看出，企业的规模与机器人在行业内应用比

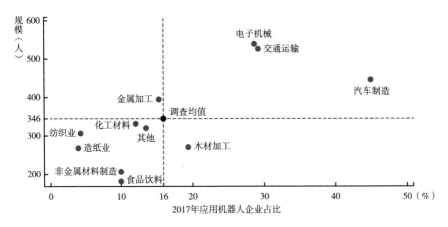

图 6-8　不同行业的规模与应用机器人企业占比

资料来源：根据 2018 年中国企业—员工匹配调查（CEES）数据计算。

例呈现正相关关系。一般来说某个行业的机器人应用程度越高，说明该行业的资本越密集，生产规模越大，单位企业能吸纳更多的人就业。位于右上方区域的行业都是资本密集型的行业，这些行业的规模体量一般较大，技术水平比较高，但是这些企业数量较少，汽车制造行业的企业只占到 2017 年被调查样本的 6.5%，电子机械制造业的企业占 13%，其他交通运输设备制造业只占 1.4%，这类企业总和数量约占全体企业的 20%，更多的就业吸纳依然要依靠劳动密集型行业，比如纺织业和食品饮料加工制造业等行业。

图 6-9 聚焦于不同行业的研发人员规模的情况。纵轴表示 2017 年各行业的研发人员占比与总体研发人员占比（平均水平）的差值。传统的食品饮料烟草行业、纺织皮革业和木材加工业等的研发人员比例低于平均水平，同时交通运输设备制造行业、电子机械行业等的研发人员比例高于平均水平，说明在这些行业中聚集了更多高技能水平的劳动力。

从图 6-8 和图 6-9 的分析中大致可以发现在机器人应用越多的行业内，研发人员占比通常也越高。一方面，研发人员大多集中于较为高端的制造行业，比如电子机械制造和交通运输设备制造业，这些行业的企业通常有着雄厚的资本，可以通过引进机器人来实现人机协作，提高其生产力。另

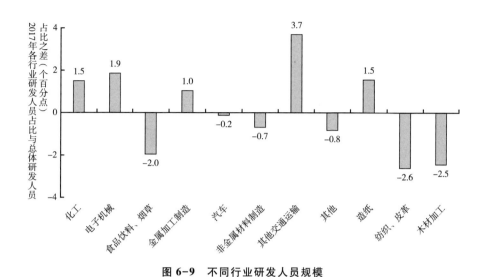

图6-9　不同行业研发人员规模

资料来源：根据2018年中国企业—员工匹配调查（CEES）数据计算。

一方面，这些企业对生产精度要求较高，机器人能够更好地完成这些工作。于是在这些行业当中，研发人员与机器人的比例都相对较高。

六　机器人的影响与劳动稀缺性

企业在生产中引入机器人可能存在两种情况。其一是当地劳动力市场劳动力稀缺，企业在一定工资水平下无法在当地的劳动力市场招聘到合意数量或者质量的劳动力，这种情况下，企业要维持生产，只能转而采用机器人；其二是当地劳动力市场中劳动力供给充足，企业在工资较低的水平下，可以从当地劳动力市场中招聘到合意的劳动力，但是出于对效率或者产品生产质量的考量，企业采用机器人进行生产。

中国当前人口老龄化问题日益严重，劳动力市场供给增速放缓不能满足企业用工需要，不少地区出现了招工难的现象。在招工难的地区，企业会提高工资从而提高企业的用人成本，如果用人成本高于使用机器人的成本，企业就会引入机器人，缓解其面临的劳动力短缺问题。国外学者Acemoglu和Restrepo（2017b）通过实证分析发现，老龄化程度越高的地区，其机器人集成企业数量也相应越多。此结论也得到国内学者的印证（陈秋霖等，2018），利用国内的数据，发现人口老龄化是机器人发展的诱因之一，机器人与劳动力之间是一种补位关系，并非挤出关系。

将分析的角度扩大到国际。在国与国之间机器人的应用与劳动力的稀缺性的关系体现得更为明显，因为国与国之间的人员资本等流动限制更大。在国际上，普遍存在劳动力越稀缺、机器人应用越广的现象。

图 6-10 反映了世界各国机器人密度与老龄化的关系。图 6-10 纵坐标是 2019 年机器人密度，表示在制造业中对应每万人的机器人台数；横坐标为 2019 年 65 岁以上人口所占总人口的百分比，表示老龄化程度。从图中的拟合线可以看出，机器人密度与老龄化程度大致呈现正相关的统计关系，随着 65 岁以上人口占比越高，老龄化程度越高，机器人的密度也越高，自动化生产水平越高。发达国家集中在图的右端，发展中国家基本集中在图的左端，新加坡和韩国因为机器人密度大分布在图的上方。此外，代表中国的点位于拟合线的上方，表明中国的机器人发展速度快，机器人密度水平已经追上一些发达国家，同时老龄化程度也逐渐趋向发达国家。

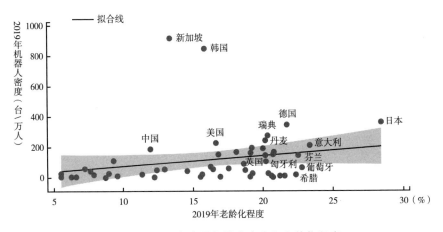

图 6-10　2019 年各国机器人密度和老龄化程度

资料来源：根据世界银行和国际机器人联合会 IFR 数据计算。

因此，我们不应过分注重机器人对就业的负面冲击，因为在一定程度上可以认为机器人的应用削减了人口老龄化给生产带来的部分负向影响。

中国正处于以低生育率为特征的人口第二次转型时期，根据第七次全国人口普查数据中国现总和生育率为 1.3，远低于人口更替率 2.1，未来一段时间内中国的劳动供给数量不容乐观，以机器人为代表的人工智能技术在缓解劳动力缺口、发挥技术优势方面将扮演更为重要的角色，为中国经济做出更大贡献。

第二节 机器人应用与工资

中国经济过去几十年的高速增长离不开"人口红利"，依靠低成本且丰富的劳动力资源实现制造业体量的快速扩大，使中国成为世界工厂。但随着生育率的下降，劳动力供给持续减少，根据第七次全国人口普查数据，劳动年龄（15~59 岁）人口占总人口比重为 63.35%，相比于 2010 年第六次全国人口普查，劳动年龄人口的比重下降了 6.8 个百分点，65 岁以上人口比重上升了 4.63 个百分点。中国的低成本劳动力资源优势正在趋于消失，劳动力成本越来越高已是不争的事实。从企业层面来说，劳动力成本越高，也即意味着工人工资越高，机器人的性价比越高，企业就越有动力使用机器人。

本部分着重分析机器人的应用与工人工资之间的关系。首先分析机器人的应用对整体工资的影响；其次分析机器人的应用对工资收入不平等的影响，讨论了机器人的影响在不同行业的异质性；再次重点讨论不同企业所有权机器人影响收入的异质性；最后讨论不同地区机器人影响收入的异质性。

一 机器人应用对工资的总影响

机器人对就业的影响存在替代和促进两个方面，相应地对工资的影响也存在两个方面。根据经济理论，机器人会对劳动力产生替代作用，使得企业减少对劳动力的需求，劳动者如果开出过高的工资条件，企业就会转而使用机器人，如此一来劳动者在劳动力市场上的议价能力就会减弱，工资便会降低。从机器人促进就业的方面看，机器人的应用同样也会对工人工资产生正面作用,机器人的应用提高了企业的生产率,产品价格下降,工人工资相对上升。为了讨论机器人的应用对工资的影响,在此将工资按职业不同细分为六类:研发人员工资、销售人员工资、一线生产员工工资、高管工资、一般管理人员工资和其他服务人员工资。

图 6-11 展示了各类人员工资在采用机器人企业和未采用机器人企业之间的差距。采用机器人的企业的六种工资均高于未采用机器人的企业,其中高管工资差距最大,大约高出 40%,一线生产员工的工资差距最小,仅高出 13.6%,其余的研发人员工资高出 19.2%,销售人员工资高出 18.6%,一般管理者工资高出 21.7%,其他服务人员工资高出 19.1%。

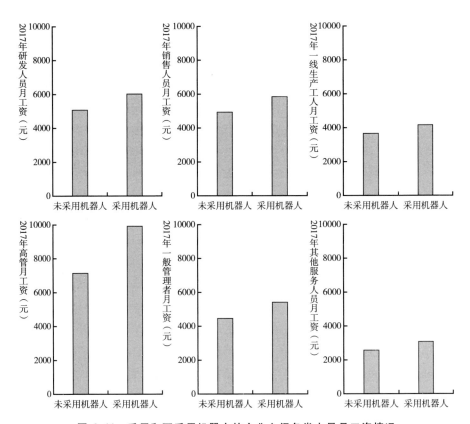

图 6-11　采用和不采用机器人的企业之间各类人员月工资情况

资料来源:根据 2018 年中国企业—员工匹配调查(CEES)数据计算。

从总体来说，机器人对工资的影响可能是正向的，使用机器人的企业当中给员工支付的平均工资也更高。首先，机器人的使用提高了企业的生产率和赢利能力，从而能承担起更高的用人成本；其次，机器人对就业结构的影响，使得企业中高技能工人更多，支付的工资也更高。

二　机器人的应用与收入不平等

根据前文的分析，已经发现机器人应用对不同职业的员工影响不同，一线生产员工占比逐渐下降，研发人员占比逐渐上升。在机器人应用与员工受教育程度分析中，同样发现了在被调查的企业当中初中及以下的工人占比呈现下降趋势，但是大专、本科及以上的工人占比呈现上升趋势。这些现象的出现在根本上与工人完成的任务有关。任务是生产商品和服务的核心，工人通过应用自身技能完成任务从而获得工资。不同的工作有着不同的核心任务要求，完成这些任务需要不同的技能，企业根据工作任务招聘具有相应技能的员工，同时应聘者也根据工作任务应聘相应岗位。

对于工资不平等，最为突出的解释就是偏向技能的技术变革。技术的变革偏向于高技能群体，技术进步往往需要更多高技术人才，对这一部分的需求超过供给，就会导致高技能群体的工资更高；如果技术变革会替代低技能群体，那么低技能群体的工资就会下降。技能高的工人，具备执行复杂任务的能力，当劳动力市场发生变化时，可以迅速适应改变；与之相反，当劳动力市场发生技术变革时，低技能工人难以做出与之相适应的改变，就会产生技术性失业。在以机器人为代表的人工智能高速发展的背景下，劳动力市场的技术也在发生变化，高技能的工人可以通过与机器人分工协作互补，使得自身的生产率进一步提高，获得技能溢价；低技能的工人通常在面临机器人的替代时，面临更激烈的竞争，为了保持自身的相对优势，工资将面临下降的压力，如此会拉开收入不平等的差距。

技术人员和一线生产员工，他们执行的任务因职业不同而不同，技术人员的技能相对于一线生产员工来说相对较高，在此以二者的平均工资之比来反映工资差距，具体情况如图 6-12 所示。横向比较采用机器人的企业和未采用机器人的企业，不论是 2015 年还是 2017 年，相比于未采用机器人的企业，在采用机器人企业当中很明显技术人员收入与一线生产员工收入比更大；纵向时间从时间维度比较，在未采用机器人的企业当中，2015 年技术人员收入是一线生产员工收入的 1.45 倍，在采用机器人的企业当中，这个比率是 1.59，采用和未采用的差值是 0.14；而 2017 年的差值是 0.17（1.46–1.29），意味着随着机器人应用的广度和深度的加大，采用机器人和未采用机器人的企业之间的差距有可能会被拉开。此外，不论是采用还是未采用机器人的企业，随着时间的推移，技术人员的收入与一线生产员工的收入之比的差距都在缩小，在未采用机器人的企业中收入比下降 0.16，在采用机器人的企业当中下降 0.13。

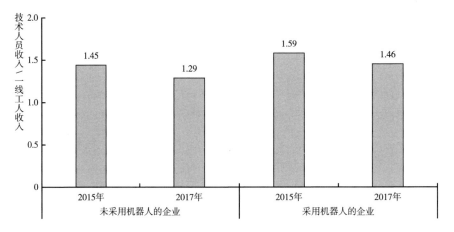

图 6-12　机器人的采用与收入差距

资料来源：根据 2016～2018 年中国企业—员工匹配调查（CEES）数据计算。

随着机器人产业的发展，工业机器人性能不断提高，加之工业机器人国产化进程的加速带来工业机器人价格的下降，性价比提高，使得使用机器人的企业生产效率进一步提高，与未采用机器人企业的差距进一步拉开。在企业内部，人力成本提高，给一线生产员工岗位工资提高，但是技术人员的收入并没有以相应倍数增长，导致公司内部的技术人员收入与一线工人收入之比缩小。

三　在不同行业机器人影响收入的异质性

不同的行业当中应用机器人的程度并不相同，对收入的影响也并不相同。一方面，有些行业中的岗位容易被机器人代替，或者更需要机器人的精确操作，那么这些行业中应用机器人的企业占比就越高，机器人占比越高就意味着普通劳动力面临来自机器的竞争压力越大，面临的工资下降压力更大。另一方面，应用机器人占比越高的行业分工程度越高，从事专业高技能工作可以获得更高的收入。

图6-13反映了2017年研究人员与一线生产员工收入的比值与应用机器人的制造业企业在行业占比的关系。图6-13中直线为样本拟合线，可见应用机器人的企业占比越高的行业，研究人员和一线生产员工的收入比一般越高。此外，图中两条虚线交叉的点代表在2017年调查中所有行业的均值情况，所有行业中应用机器人的企业约占16%，研究人员与一线生产员工收入的比值约为1.44。以纺织业、造纸业为代表的轻工业均位于调查均值的左下方，应用机器人的企业在行业内的占比和收入比低于所有行业的均值。电子机械制造业、汽车制造业位于调查均值的右上方，收入比和机器人在行业内的占比均高于均值。

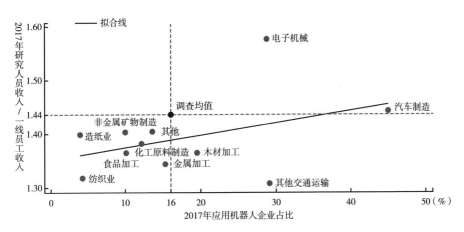

图6-13　制造业中各行业应用机器人占比与收入比

资料来源：根据2018年中国企业—员工匹配调查（CEES）数据计算。

电子机械制造业、汽车制造业具有高技术水平、高资本密集度、高附加值等特点。由于工业机器人的偏向技术进步特征，高技能人才需求增加，这些行业的企业往往积聚了更多的高端人才，人力资本水平较高，工资水平提高，加剧了工资分布的极化。比如，这些企业用机器人可以替代一名普通的生产工人，但是对机器人编程、维护的高端人才需求增加，对于这些高端岗位的需求往往超过供给，工资上升。这些行业往往需要精密的操作，借助机器人可以比人工更好地完成这些操作，于是企业更倾向于使用机器人代替一般的生产工人，如此一来一般生产工人在劳动力市场上的工资议价能力被削弱。

造纸业、纺织业和食品加工制造业属于传统的劳动密集型行业。这些行业对技术水平要求一般不高，对研发人员没有太大需求。而且这些企业往往规模较小，购买使用机器人的成本高，利用人工成本相对更为经济，机器人的利用程度较低。

图 6-14 则说明了各行业工资的具体情况。纵坐标是行业月收入减去平均月收入，图的左半边是一线生产员工的各行业月收入减去一线生产员工的总体平均月收入；图的右半边是研发人员的各行业月收入减去研发人员的总体平均月收入。研发人员的月平均工资为 5268.8 元，一线生产员工的月平均工资为 3786.0 元。

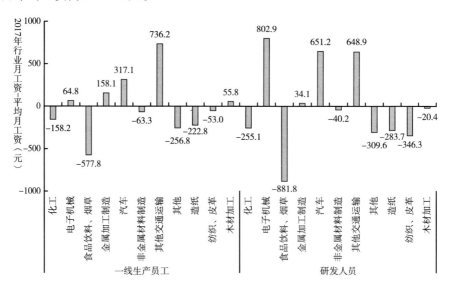

图 6-14 2017 年制造业中各行业月工资情况

资料来源：根据 2018 年中国企业—员工匹配调查（CEES）数据计算。

各行业月工资水平差距大。其他交通运输制造业一线生产员工工资高出平均水平最多为736.2元，其次是汽车制造业，高出平均水平317.1元；食品饮料、烟草行业一线生产员工工资相比最低，低于平均工资577.8元。研发人员的工资在行业间波动幅度较大，电子机械制造、汽车制造和其他交通运输制造业的研发人员工资高出平均水平，其中电子机械制造业最高，高出平均水平802.9元，其次是汽车制造和其他交通运输制造业，也均高出平均水平600以上；同时食品饮料、烟草行业的研发人员工资水平最低，低于平均水平约880元，其次是造纸业和纺织、皮革加工行业，分别低于平均水平283.7元和346.3元。值得注意的是图6-13中其他交通运输制造业的研发人员与一线生产员工的收入比偏低，其原因并不是研发人员收入低。图6-14说明了在其他交通运输制造业中，普通一线生产员工和研发人员的收入较其他行业来说更高，但是其研发人员的收入并没有成倍数增长，这样的"双高"现象导致了在交通运输业研发人员与一线生产员工的收入比偏低。

国家推动先进轨道交通装备发展，建立世界领先的现代轨道交通产业体系；支持新能源汽车发展，形成从零部件到整车的完整工业体系和创新体系。这些行业在国家的支持下迅猛发展，聚集大量资本，带动了这些行业内部对劳动力，尤其是高素质劳动力的需求，以至于汽车、其他交通运输制造业的工资高于平均水平。

四　不同所有制企业机器人影响收入的异质性

不同企业的所有权的不同，机器人对员工收入的影响也不同。在此首先分析在不同类型的企业当中机器人的采用情况，然后分析在不同类型的企业当中机器人采用对不同类型员工工资的不同影响。

图6-15反映了机器人在不同所有权性质的企业中的使用状况。应用机器人企业的比例在三种不同所有权类型中均有扩大，国有企业增幅最大，约4个百分点；其次是外资企业，增长了1.6个百分点；最后是私营企业，增长了1.3个百分点。国有企业依靠政策、资本体量优势，能在短时间内在生产中引入机器人；外资企业因其生产技术发展较好，在2015年中应用机器人的企业已达29.4%的规模，而且依托国外资金优势，仍然保持一定的增速；而私营企业一般体量较小，没有足够的资本作为依托，加之没有大

规模生产的基础和经验，难以在短时间内引入机器人，使得其在生产管理当中相比于其他两种类型的企业较为落后。在 2017 年，私营企业使用机器人的比例为 11.8%，同时期的国有企业采用机器人的比例为 26.6%，外资企业为 31.0%，均远高于私营企业的比例。与外资企业相比，国有企业和私营企业在机器人的使用方面仍然有相当的发展空间。

一般理论认为国有企业因为其产权性质会产生委托代理问题，管理者的决策具有短期化特征，与企业长期目标不一致，但是更应该注意到国有企业也有体量大、资本雄厚的优势，对于引入机器人以及相关项目的研发维护具有天然优势。外资企业依托国外的资金技术，对于发展高新技术有更大的优势。而一般私营企业虽然面临激烈的市场竞争，使用机器人的动力更大，但是存在体量小、资本匮乏的缺陷，难以承担使用机器人及后续编程、维护成本。

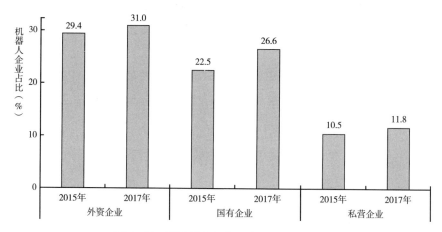

图 6-15　不同所有权企业应用机器人情况

资料来源：根据 2016~2018 年中国企业—员工匹配调查（CEES）数据计算。

图 6-16 则展示了在不同所有权企业的研发人员以及一线生产员工的工资情况。首先，不论是研发人员还是一线生产员工，给定年份外资企业的工资水平最高，国有企业次之，私营企业最低。另外，通过纵向比较，可以发现在两年间一线生产员工工资均出现了明显的增长，外资企业增长约15%，国有企业和私营企业增长约10%；研发人员的工资也出现了不同幅度

的增长,外资企业增长 7.2%,私营企业增长幅度为 7.7%,国有企业增幅不明显仅为 1.7%。

三种不同类型的企业在一线生产员工的工资上差别不大,值得注意的是私营企业与其他类型的企业的差距,尤其是与外资企业的差距正在被逐渐拉开,2015 年与外资企业的一线生产员工工资差距为 256.9 元,到 2017 年与外企的差距扩大到 473.9 元。研发人员工资在这三种企业中差别相对较大,2015 年私营企业与外资企业的差距近 1000 元,但是在两年间私营企业出现了和外资企业同步增长的趋势,差距并没有继续扩大,而且与国有企业的差距正在迅速缩小。

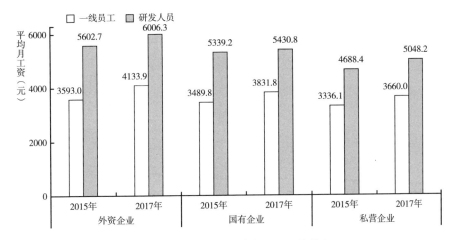

图 6-16　不同所有权的企业月工资情况

资料来源:根据 2016~2018 年中国企业—员工匹配调查(CEES)数据计算。

在外资企业中,机器人的广泛使用使得总体生产率较高,工资水平相对其他类型的企业来说更高。虽然国有企业在两年内机器人应用发展迅速,但国有企业可能因为其管理体制的特殊性,生产率提高带来的工资增长效应难以在短时间内得以显现。私营企业虽然机器人的使用规模较小,发展较为缓慢,但是其研发创新人员的工资迅速增长。对于私营企业来说,在没有外部支持的环境下,使用人力是存在资金约束情况下更好的选择,而研发创新是不能用机器替代的,只能通过雇佣高技能的研发人员来实现，因而私营企业的研发人员的工资相比于国有企业和外资企业研发人员的工资增长更快。

五　不同地区机器人影响的异质性

地区自然资源等的禀赋不同，机器人发展的程度也不相同。机器人发展，会对一线生产员工工资和研发人员工资造成不同的影响，具体来说对研发人员的工资相对一线生产员工会有更明显的促进作用，我们以这两种工人的工资情况反映不同省份的机器人发展状况。

一线生产员工和研究人员的工资在不同省份的情况如图 6-17 所示。粗虚线代表 2017 年被调查的样本企业中研究人员月工资均值（5269 元），细虚线代表 2017 年被调查的样本企业中一线生产员工的月工资均值（3786元）。广东省和江苏省的研发人员和一线生产员工工资均高于均值；四川省、吉林省和湖北省的两类员工的工资水平均低于平均水平。其中江苏省的工资水平最高，研发人员平均月工资为 6244 元，一线生产员工月工资也达到了 4408 元；广东省的工资水平低于江苏省，研发人员平均月工资也达到 5707 元，一线生产员工月工资略高于平均水平达到 3860 元。

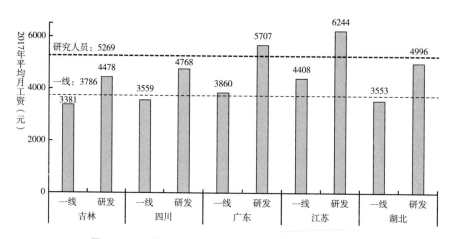

图 6-17　机器人应用不同省份制造业企业月工资情况

资料来源：根据 2018 年中国企业—员工匹配调查（CEES）数据计算。

考察研究人员工资与一线生产员工比，平均水平为 1.39，吉林省为 1.32，四川省为 1.34，广东省为 1.48，江苏省为 1.42，湖北省为 1.41。可见机器人发展程度高的地区比如广东省和江苏省，工资比也高，可能存在研发人员工资与一线生产员工工资不成比例增长的现象，即机器人提高了研发人员的生产率，提高了他们的工资，但是对一线生产员工生产率的提高相对有限，工资提高幅度并不大。

第三节　小结和政策含义

机器人对劳动力市场的就业冲击较为温和，对可能引发的"技术性失业"，需要出台相应的配套政策以帮助潜在失业者应对可能的风险。目前，中国劳动力市场的无限供给状态已经结束，人口老龄化和劳动力短缺是我们不得不面对的挑战；另外，由于就业结构性问题的存在，以及体面就业观念的兴起，"招工难"与"就业难"的现象并存是我们当前需要长期面对的问题。工业机器人作为企业一个替代劳动力的技术选择，可以在一定程度上纾解其面临的"招工难"问题。从微观层面来看，在短期内，由于劳动合同的存在，如果"机器换人"会直接影响员工的就业岗位需求，直接减员会使企业面临高昂的解雇成本，企业更倾向于通过岗位转换将被替代的员工转换至新的岗位。从长期考虑，政府可以为因机器人的引入而失业的群体提供失业保障，比如为他们提供职业技能培训和失业保险，使其在尽快实现再就业的同时也能解决生活问题。

企业高端专业人才需求缺口问题的解决，要求多方面、多层次的政策支持。首先，应大力发展与时俱进的高等教育，通过学校教育和在职教育等多种方式增加高素质相关专业人才的供给。目前市场上企业对大数据、人工智能、机器学习等专业人才的需求较大，但是相关人才供给不足，政府应该积极推动产教融合，鼓励机器人集成企业走进高校，让高校了解企业的实际人才需求，联合高校共同建立相关学科技能学习、培训、实践一体化的人才培养机制，加快培养紧缺的相关技能人才。其次，政府可以依靠大数据等现代高科技手段，为就业者和企业之间建立起信息沟通平台，为就业者提供互联网在线培训，使得就业者即使在高校外也能享受到专业化的技能培训。再次，政府应当帮助企业分担内部职业技能培训和岗位培训的成本，消除企业的后顾之忧。最后，若要实现高端人才稳定的劳动供给，住房、户口及后代教育等都是需要妥善解决的问题。

工业机器人应用可能会加剧企业间和企业内的收入不平等，健全基于要素市场的分配制度能够有效解决这一问题。一方面，传统要素市场上的区域分割、市场壁垒等问题仍然存在，因此需要通过改革打破区域分割和市场壁垒，从而实现要素市场的传统要素自由流动。另一方面，在新技术层出不穷的数字经济背景之下，数据也成为一种重要的要素，可通过优化生产资源配置实现生产率的提升，从而促进经济的高质量增长。另外，为了防止数据垄断，需要完善相关法律、健全数据交易市场，最终使得资本、劳动和数据在一个相对健全的要素市场之中自由流动，按照贡献分配，兼顾公平，最大限度调动各个经济主体的积极性，实现要素的最优配置，实现效益最大化。

由于缺乏足够的资本依托，大部分私营企业难以及时享受到科技带来的红利，机器人技术应用发展缓慢，政府应为其提供切实的优惠政策，降低甚至消除机器人使用的门槛。首先，应当从实际出发，消除限制性因素，加大融资政策的支持力度，拓宽融资渠道、分担融资风险，使得资本和劳动力充分流动，优化资源要素配置。其次，为切实减轻中小微企业的营业负担，对中小微企业的税收政策优惠力度可以适当加大。再次，以政府投资为导向，积极引导社会资本投入高新技术产业中，从而为中小微企业提供深度创新、持续创新的平台。最后，构建具有地方特色的产业园区，整合上下游产业链资源，发挥企业创新的溢出效应，通过结合地方制造业基础，从产品的设计研发到制造、供应和销售，形成具有地方特色的产业联盟，积极为高新技术产业营造良好的环境，形成有利于创新的发展新格局。

国有企业积极发挥龙头作用，依托资本优势进行创新，发展机器人相关技术产业，提高劳动生产率，同时也要深化国有企业改革，激发其作为微观市场主体的活力。第一，国有企业需要统筹长远与眼前，兼顾全局与局部，既要看到长远利益也要抓住当前的机会。机器人是新产业的新产物，国有企业依托其资本优势在短时间实现了大幅度引进，大力推进新产业的发展，提高了企业的生产效率。第二，长期加大投入吸纳更多的创新人才，创新是以人为主体，国有企业需要实现人与资本配合，实现效率最大化，创新非一朝一夕之功，需要长期坚持才能有所成效。第三，需要持续深化劳动、分配制度改革，破除利益固化的枷锁，释放创新活力，使得发展成果通过合理的分配，实现溢出效应的最大化、内部损耗的最小化，实现质量发展、效率经营。第四，国有企业还应紧密围绕国家战略，研发核心技术、应用高新成果，真正发挥在市场经济条件下的引领带头作用。

第七章
机器人替代对中国制造业企业生产率和创新能力的影响

第四次工业革命到来后，人工智能、机器人正逐渐渗透于各个行业乃至人们的日常生活。在资本报酬递减规律下，依靠投资驱动产业发展难以为继，机器人替代既是挑战也是机遇。中国要从制造大国转变为制造强国，需要依靠创新驱动保持制造业长期可持续的竞争力。本章基于"中国企业—员工匹配调查"和"产业结构升级背景下制造业机器人实施状况调研"数据，从企业微观层面分析了机器人替代对中国制造业企业生产率和创新能力的影响。核心结论是，在新一轮科技革命下，机器人、人工智能等新技术的运用能显著提升企业生产率和创新能力，但是目前智能技术应用水平仍有较大的提升空间。想要迈向世界高端制造业的队伍，需要企业增强创新意识、加大研发投入、掌握生产环节的自主核心技术、政府多方扶持企业创新活动，才能提升产业国际竞争的综合实力。

第一节　经济增长中的机器人替代战略：现实与理论研究

18 世纪 60 年代以广泛使用蒸汽机为标志的第一次工业革命开了机器人

替代劳动力的先河，直至今日第四次工业革命的到来，人工智能、机器人正逐渐渗透于各个行业乃至人们的日常生活。当我们意识到正处于各类科技新生命所掀起的人类经济社会发展新浪潮时，我们已经接受也不得不接受技术迭代带来的"创造性破坏"。在新一轮产业升级换代和科技革命下，劳动密集型的比较优势和竞争优势已不再是中国产业的发展红利，要从"中国制造"走向"中国创造"，仅仅依靠原有的资本积累和更深层次的资本深化来促进经济增长，也无法再突破性地优化资源配置，达到帕累托最优。尽管没有一次产业变革能够在初始就有清晰的实践路径，但是可以预见，机器人替代是必然的趋势，经济的下一个增长点必定是依靠技术进步实现生产率的攀升。

一　现实背景

中国制造业向好的发展态势体现了中国较高的生产力水平。2020 年中国工业增加值已达到 31.3 万亿元，相比"十三五"规划的第一年增长了 30.3%，2021 年中国制造业总量为 31.4 亿元，至此中国已连续 12 年为世界第一制造业大国。目前"中国制造"具备充分的发展条件，从生产部门的供给侧角度看，根据联合国《所有经济活动的国际标准行业分类》，中国目前是世界上唯一一个拥有全部工业门类的国家，工业范围涵盖各个产业门类。参照 2017 年国家统计局发布的 GB/T 4754-2017《国民经济行业分类》，中国的制造业就可分为 31 个大类、304 个中类、3039 个小类。因此在中国产业发展的新机会窗口期，需要稳定产业结构中制造业比重，进一步促进制造业的蓬勃发展，从而拉动实体经济，加固国民经济的坚实基础。从经济循环的各个环节来看，产业发展紧密联系消费群体，因此从需求侧角度出发，根据第七次全国人口普查公报，2020 年中国总人口数达到 14.4 亿，家庭户达到 4.9 亿，并且具备较高的收入消费弹性的中等收入群体约 4 亿，说明中国拥有超大规模的国内消费市场。因此平衡需求和供给两侧的协同发展，有助于形成国内循环为主体、国内国际双循环的新发展格局。

但是从国际比较看，中国要从制造大国转变为制造强国，需要依靠创新驱动保持制造业长期可持续的竞争力。根据世界银行的数据，中国制造业增加值占国内生产总值（GDP）比重连年下滑，2020 年中国制造业比重为 26.18%，与 2006 年的制造业比重 32.5% 相比，呈快速下降趋势。而德国、日本等工业化强国的制造业比重常年稳定在 20% 左右，已经进入后工业化时代。当前中国制造业处于"大而不强""未富先老"的状态，说明要满足制造业转型升级的现实需求、迈向制造强国，需要转变发展战略导向。2015 年国务院颁布中国实施制造强国战略的第一个十年行动纲领，标明了制造强国的四个衡量指标，分别是创新能力、质量效益、两化融合、绿色发展。其中研发经费内部支出占主营业务收入比重、每亿元主营业务收入有效发明专利数度量了创新能力，质量竞争力指数、增加值率提高、全员劳动生产率增速度量了质量效益。可见，制造强国的发展路径必须经历技术水平的提升、生产绩效的增加、创新能力的优化，这也符合新一轮科技革命下全要素生产率和生产力水平提升的要求。

第四次工业革命为中国转型成制造强国带来了诸多挑战和机遇。一是在逆全球化的浪潮下，国际贸易摩擦日益增加、全球新冠疫情反复，增加了国际经济发展环境的风险，因此着眼于提升中国制造业产业基础能力和产业链现代化水平能够有效应对外部环境的冲击。各国各个行业的技术发展具有差异性，在瞬息万变的国际环境和激烈的产业竞争情况下，只要产业链的某一环节受限于国外，将有可能面临产业链中断、消失的局面。当前顶尖的工业机器人厂商都来自日本、意大利等工业强国，国内制造业产业链的发展需要机器和技术的支持。因此整合上中下游产业链，将创新发展渗透至产业链的各个环节，将国内庞大的消费需求作为新的发展点，能够有效抵御国际分工中面临的风险，增强产业发展的韧性。

二是尽管 2020 年中国制造业对世界的贡献高达近 30%，但中国大多产业还处于全球价值链的中低端，在新一轮科技和产业的博弈中，中国制造业需要依靠人工智能、机器人替代打破发达经济体在国际分工时的主导力量，增加产品的附加值，围绕产业链构建创新链。发达国家掌握核心技术，关键的零部件都在国外生产后通过物流送至国内进行组装，国内的装配环节并不需要较强的技术条件。由于中国制造业的比重较大，无法在短期内被替代，但是若长期处于缺乏生产核心技术的状态，产业发展将始终落后于发达国家，无法提升国际竞争力。在资本报酬递减规律下，依靠投资驱动产业发展难以为继，想要迈向高端制造业的队伍，需要引入国外先进技术，学习发达国家的成功经验，同时自主研发核心技术，解决"卡脖子"技术的难题，改变资源禀赋优势，才能占据国际产业链的关键位置。

二　理论依据

现代经济学在探究经济增长规律和各类影响与制约经济增长因素的研究中曾强调技术进步的重要性。1956 年索洛提出的经济增长模型成为现代增长理论的基石，得出的关键结论指向外生的技术进步是推动经济增长的唯一源泉。索洛模型验证了劳动有效性能够带来产出的额外增长，尽管劳动有效性在模型推导中较为抽象，但是我们可以认为现实中技术水平的提升是索洛剩余的关键组成部分，技术进步率的变化具有增长效应，只有技术进步才能推动工人平均产量的永久性增长。这一理论还发现在资本边际报酬递减规律下，初始资本存量小的贫穷国家相比资本存量已经很大的富裕国家，拥有更快的经济增长率。因此随着时间的推移，世界经济将趋同至相似的平衡增长路径。

新奥地利学派的熊彼特强调创新活动在经济周期中的作用。熊彼特聚焦于经济体系的一般均衡，认为企业家的创新活动是经济周期波动和经济发展的内生振源。创新活动推动经济增长的机制在于，创新活动使得部分企业的利润增加，引起了企业家之间的激烈竞争，诱导各企业改进技术水平，提升企业自身的实力，从而推动了经济的繁荣增长。但是由于创新活动的不连续性，经济周期中的衰退和萧条使得在竞争环境中单纯依靠模仿和复制的企业无法及时适应快速变化的环境，从而遭受淘汰，退出产品市场。

熊彼特的创新理论为当前维护和激发市场主体的活力提供了借鉴意义，也为当下分析机器人替代对企业生产绩效和创新能力的影响提供了有力的理论支持。市场主体活力的内部动力来源于企业之间的竞争，技术要做到跨越性的升级需要一个漫长的过程，但是能够迅速响应市场需求的产品生命周期较短，桎梏于现有的生产能力，制造业企业仅延续上一代技术和产品，或者照搬其他企业的生产模式，将无法保证供给的质量和效率。各个工业大国的发展经验已经揭示，技术水平的发展需要长期的时间沉淀，新技术革命催生的新产品、新业态、新市场并不是完全构建在传统产业的基础上，因此依靠机器人、人工智能等新技术抢占国内的竞争市场和全球价值链的新高地还存在充足的空间和可能性。

人工智能对经济和生产力的影响已经成为当前经济学家的研究重点之一。埃森哲研究公司将人工智能定义为多种技术的集合，这项技术是数字化快速转型的重要组成部分和加速器，机器能够不依靠外力自己检测、理解、行动和学习。随着人工智能技术的发展，机器人替代对社会经济各方面的影响日益深入，已涌现出大量关于机器人替代对国家和产业发展影响的文献。Aly（2022）利用25个发展中国家2017年的截面数据验证了数字化转型与经济发展和劳动生产率均呈正相关关系。人工智能、快速技术进步和数字化转型为发展中国家带来巨大利益。更有研究表明，数字生态系统发展指数每增长1%，人均GDP就有可能增长0.13%（Katz & Callor，2017）。

在已被普遍认可的机器人替代促进经济增长的观点基础上，一些学者也对影响机制和效应产生的时滞问题做出了相应的研究。如果同时考虑资本和技术的结合，资本偏向性技术进步与资本深化水平融合促进了中国工业部门全要素生产率（TFP）增长（李小平和李小克，2018）。人工智能通过提高生产智能化程度和全要素生产率，增强实体经济的吸引力，提高实体经济资本占比，降低住房资本占比和基建资本占比，进而优化资本结构（林晨等，2020）。Benassi等（2020）在验证了第四次工业革命技术相关的知识积累同企业生产率之间存在显著的正相关关系之后，还发现后进者比早期进入者从第四次工业革命技术能力的发展中获益更多，并经历了显著的"助推效应"。Park和Choi（2019）的研究也表明，技术创新进步需要时间来显示对不同经济体的增长影响，并使其影响扩散到整个经济。

同样值得关注的是机器人替代对于整个经济体和微观企业创新能力的影响。有关工业机器人与经济创新的研究大多集中于定性研究。这一点可以从产业体系得到解释，工业机器人大多服务于制造业。制造业是大多数科技创新的孵化基地和应用领域，制造业既是创新诱导型产业也是诱导创新型产业（蔡昉，2021），进而很难在宏观研究中将机器人替代和创新能力完全分割。在使用微观数据实证分析产业相关问题的研究中，学者大多在人工智能企业范围内将机器人替代作为企业创新能力的表征，或将创新能力融入企业生产绩效（王学义和何泰屹，2021），或将科技进步作为中间变量（杨光和侯钰，2020）。

基于上述对机器人替代的现实背景和已有理论的梳理，可以发现机器人替代对于经济发展产生了深远的影响，未来产业链和企业的发展将依赖于技术进步。尽管关于机器人替代对国家产业发展的正向影响已经得到证实，但是由于缺乏详细的微观数据，无法观察新技术革命下制造业企业运用机器人替代的状况，以及机器替代对微观企业所产生的效应。因此本章将使用 2015~2018 年"中国企业—员工匹配调查"（CEES）和 2021 年中国社会科学院国情调研重大项目"产业结构升级背景下制造业机器人实施状况调研"数据，具体地探索机器人替代对中国制造业企业的生产率和创新能力的影响，分析存在的问题和挑战，得出相应的结论和建议，为中国制造业企业未来发展提供一些思考。

第二节 机器人替代对制造业企业生产率的影响

创造更多的利润是企业生产的最重要目标，从提升企业生产率出发进行全局思考，洞察人工智能、机器人等先进技术水平在复杂动态的生产系统中的运用情况，分析机器人替代对制造业企业生产力的影响，帮助企业在新一轮科技革命下创造卓越的成就。本节将从分析企业使用智能技术现状出发，观察机器人替代对企业当前生产率和预期生产绩效的影响，最后探究机器人多样化与企业全要素生产率的相关关系。

一 企业使用智能技术现状

制造业企业在生产过程中将根据不同的需求使用各类智能技术以提高生产效率，其中信息管理系统是制造业企业流程管理的重要手段之一。相比于传统的人工记录、跟踪、判断，信息管理系统能够有效地降低人工成本，灵活性地共享数据，减少交接过程中不必要的误差，同时能对当前企业生产运作的各个环节进行数据的统计和分析，为企业未来的战略调整和规划提供相应的数据支撑。图 7-1 统计了 2020 年 239 家制造业企业使用信息管理系统的情况。其中 60.25% 的企业已经引进了该系统进行质量把控。

根据企业中不同的业务分布和业务流程将信息管理系统分为财务信息系统、购销存信息系统、生产制造信息系统、物流配送信息系统、客户关系信息系统、人力资源信息系统及其他信息系统七类。如图7-1所示，财务信息系统的平均使用率最高，为57.63%，由于企业生产经营的各个环节都涉及财务数据，并且处理大量的借贷明细非常烦琐，依靠原始的人工记账几乎不可能完成账目。随着企业规模的增大，更加需要专业的财务信息管理系统帮助企业进一步提升运作的效率。生产制造信息系统和购销存信息系统的平均使用率分别为50.85%和46.61%，这两个系统所使用的场景非常广泛，引进该类信息系统能够满足不同企业的多样化需求。除此之外，人力资源信息系统、物流配送信息系统、客户关系信息系统的平均使用率分别为35.59%、31.78%、30.08%，虽然这三个信息系统的使用率相对较低，但是考虑到随着企业的发展，所匹配的专业信息管理系统的售价也会提高，生产经营过程的变更还会产生两次个性化调整费用，因此一旦企业决定引入信息管理系统，费用将在第一期非常明显，该项智能技术的投资只能着眼于长期回报，则采用这三项信息系统的制造业企业已经形成较为完整的智能技术管理模式，所以愿意在生产经营的次要环节进行信息管理。

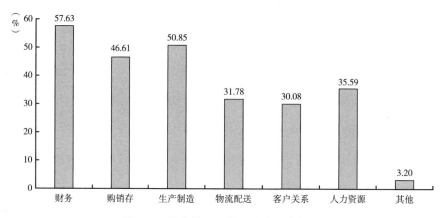

图7-1　信息管理系统平均使用率情况

资料来源：根据2021年中国社会科学院国情调研重大项目"产业结构升级背景下制造业机器人实施状况调研"数据计算。

　　除了信息管理系统在企业各个业务流程中的运用，制造业企业最为核心的生产线是智能技术运用最实质性的环节。生产产品需要经过的流水线简称为生产线，根据生产流程中人工和机器使用的情况，可将生产线分为自动化生产线、半自动生产线和其他生产线。在自动化生产线上机器将完全替代人工完成操作任务，因此生产线的使用情况能够体现智能技术在制造业企业中的运用情况。如图 7-2 所示，本节使用了"中国企业—员工匹配调查"中 2017 年吉林省、四川省、广东省、江苏省、湖北省五个省的制造业企业抽样调查数据，展现了各省份生产线的使用情况。从生产线总数上看，广东省的制造业企业平均生产线数量最多，为 40.76 条，说明广东省制造业企业的规模相对较大，拥有更加成熟的生产体系。从生产线的自动化水平看，广东省和江苏省拥有的平均自动化生产线数量优势明显，分别为 15.50 条和 13.18 条，但是观察自动化和半自动化生产线平均数量对比后可以发现，尽管吉林省、四川省、湖北省的生产线总数较少，但是这三个省的机器完全替代生产工人的程度较高，这一点可以从沿海地区和内陆地区的劳动力情况解释。沿海地区相对于内陆地区拥有更充足的劳动力资源，大量的流动人口涌入广东省、江苏省，在短期无法引入高标准高成本的全自动生产线、快速提升生产线技术水平的情况下，沿海地区的企业更偏好于在部分生产线使用低技能水平的一线生产员工以完成生产

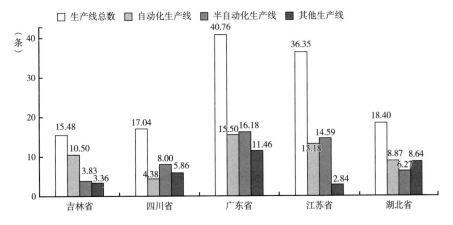

图 7-2　不同省份生产线情况

资料来源：根据 2018 年"中国企业—员工匹配调查"（CEES）数据计算。

目标。因此相对于技术要求更高的全自动化生产线，同时依靠机器和生产工人的半自动化生产线在沿海地区的广东省和江苏省都占据更高的比例，映射出当前中国制造业企业实现全自动化生产线的水平还有很大的提升空间。

观察机器设备的应用形式能更深入地展现生产线上智能技术集成的实际情况。图7-3使用了2017年和2020年五省工业机器人数据和2020年江苏省、广东省数控机器数据对当前生产线上机器设备的运用情况进行了统计。如图7-3所示，剔除了设备数量大于1000的极端值后，从工业机器人角度看，平均使用工业机器人数量排名前三的省分别为吉林省45.11台、江苏省41.52台、广东省41.06台。吉林省制造业企业的平均工业机器人使用数量比沿海地区江苏省、广东省分别高出3.59台和4.05台。汽车制造、轨道交通是吉林省制造业的优势产业，而这些装备制造需要准确度更高的技术水平，对于工业机器人的需求量更大，与此同时装备制造业相关产业众多，能拉动配套零部件供应商的发展，产业集群效应促进了吉林省制造业的发展和技术水平的提升。五省工业机器人数量的差距也体现了当前各地区制造业数字化、智能化水平的悬殊。四川

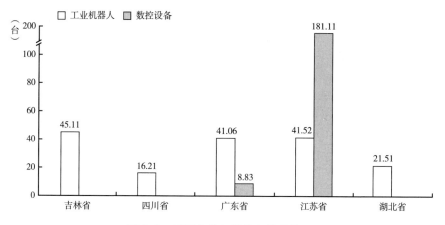

图7-3 不同省份机器设备使用情况

资料来源：根据2018年"中国企业—员工匹配调查"（CEES）和2021年中国社会科学院国情调研重大项目"产业结构升级背景下制造业机器人实施状况调研"数据计算。

省、湖北省分别平均使用工业机器人 16.21 台、21.51 台，与吉林省、广东省、江苏省的差距明显。工业机器人代表着更灵活更高端的智能技术，比数控设备有着更高的引入门槛，需要更多的采购资金和高技能水平的研发设计人员操作，因此即便企业认识到工业机器人能带来生产绩效和产品质量的显著提升，也会因为资金和技能水平的限制而面临无法大量引入工业机器人的困境。

见图 7-3，在观察江苏省和广东省数控设备的平均值后发现，江苏省制造业企业平均拥有 181.11 台数控设备，拉开了与广东省的差距，展现了江苏省"制造大省"的实力水平，也呼应了 2021 年江苏省《政府工作报告》中提到的 2021 年江苏省制造业增加值占地区生产总值比重达 35.8%、占比位居全国榜首的制造能力。但是从广东省和江苏省工业机器人和数控设备两种工具使用数量对比上可以看出两省制造业企业高端智能技术运用水平的差距。数控设备是制造业企业中应用最为广泛的工具，辅佐以人工，能够基本满足不同规模的生产需要，但是产品的质量由于工人熟练程度和技能水平的不同会形成一定的参差。工业机器人摆脱了数控设备固定使用范围的缺陷，能通过改变操作程序完成多项工作任务。高效能、稳定性的特质使得工业机器人能替代经验丰富的熟练工人，甚至独立打造一条生产线。尽管江苏省整体的制造实力较强，但是广东省制造业企业工业机器人平均使用数量大于数控设备，说明广东省企业更倾向于使用先进的工业机器人以改善企业生产质量。

制造业企业需要从机器设备公司购买机器，国产和进口的工业机器人的使用数量能体现应用智能技术的现状，也能展现国内制造业厂商和国内机器人供应商、国外机器人供应商的贸易关系。如图 7-4 所示，比较 2020 年江苏省和广东省不同所有制下制造业企业拥有的进口工业机器人和国产工业机器人平均数量，外资企业相对于内资企业和港澳台企业拥有更多的机器人数量，平均每一家外资企业拥有 90.57 台国产工业机器人和 57.80 台进口工业机器人。无论是从平均使用数量还是从机器人属地上来看，外资企业在使用工业机器人上都具有明显的优势。外资企业将工厂地址设在国内，一是降低劳动力成本和土地成本，二是从全球化物流运输角度出发，以此在成本最小化的基础上实现企业生产效益最优化。外资企业大多集中于电子产品等高附加值产业，大量使用工业机器人能够运用核心技术保证产品质量，能降低对人工的依赖，也能跟随市场需求和企业发展的变化转变生产模式和转移生产地址。

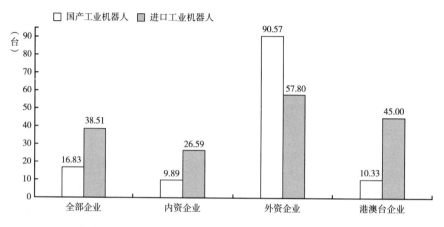

图 7-4 不同所有制企业拥有工业机器人数量情况

资料来源：根据 2021 年中国社会科学院国情调研重大项目"产业结构升级背景下制造业机器人实施状况调研"数据计算。

如图 7-4 所示，相比于外资企业和港澳台企业，内资企业使用工业机器人的数量较少，平均拥有国产工业机器人 9.89 台和进口工业机器人 26.59 台，智能化技术的运用处于落后水平。全部企业、内资企业、港澳台企业所使用的进口工业机器人数量都超过了国产工业机器人数量，说明企业更愿意采用具备世界领先技术的进口机器人。据相关数据统计，2012 年中国内地工业机器人销量为 2.68 万台，这一数值在当年被称为"工业机器人爆发式增长"，10 年后，当前市面上已经涌现了大量的国产工业机器人生产厂商，例如新松、埃斯顿、埃夫特等国内顶尖品牌，但是由于缺少技术积累，尚无法比肩世界工业机器人技术的品牌。从本节的数据观察，中国工业机器人还存在极大的市场，即便需求创造了供给，但是供给无法对需求产生牵引效应，追根究底还是顶尖技术掌握在少数企业中，因此无论是机器人的需求方还是供给方都需要更多的时间来成长和匹配，也需要更多的政策进行扶持。

二 机器人替代对企业生产率的影响

本节使用 2021 年中国社会科学院国情调研重大项目"产业结构升级背景下制造业机器人实施状况调研"数据，使用普通最小二乘法（OLS）实证分析机器人替代对企业生产率的影响。模型形式可表示为：

$$\ln apl = \alpha + \beta_1 robot + \gamma Z + \mu \tag{1}$$

其中，$\ln apl$ 是企业生产率，$robot$ 在两个模型中分别代表是否使用工业机器人、拥有工业机器人数量，Z 是影响企业生产率的其他控制变量，包括是否使用信息管理系统、政府扶持、企业年龄、注册类型。μ 是残差项。β_1 是工业机器人产生的效应。

根据表 7-1 的描述性统计，受数据限制，用 2020 年企业总产值表征工业增加值，将总产值与企业总员工数的比例取对数后设为劳动生产率，从而使用企业劳动生产率的对数作为被解释变量企业生产率的代理指标。解释变量之一是否拥有工业机器人为虚拟变量，如表 7-1 所示 57.78% 的抽样企业在生产中都使用了工业机器人。另一个解释变量工业机器人数量为 2020 年现有工业机器人总数，平均值为 58.26 台，这一数值高于图 7-3 使用的 2017 年和 2020 年合并数据后统计的江苏省和广东省企业拥有的平均工业机器人数量，考虑到本节只使用 2020 年数据，数据所处年份更新，广东省和江苏省制造业企业发展速度较快，因此这一数值处于合理范围内。其余变量为控制变量，其中信息管理系统为虚拟变量，有 59.11% 的制造业企业使用了信息管理系统，这一数值略低于图 7-1 显示的结果，由于本节的研究范围控制在回答了问题"是否有工业机器人"的企业，因此这一数值处于合理区间。将 2018～2020 年是否受到进口机器人购置补贴、国产机器人购置补贴、企业自主研发机器人研发补贴、智能制造重大产业项目、人工智能技术研发补贴等各项政府补贴作为虚拟变量政府扶持的衡量指标，有 30.22% 的企业在近三年获得过相关的政府扶持。企业年龄以调查数据年份与企业报告的注册年份之差作为计算依据，企业的平均年龄为 13.66 年。注册类型分为内资企业、港澳台企业和外资企业，使用内资企业作为参照组，港澳台企业和外资企业为实验组。

表 7-1　主要变量的描述性统计

变量	变量含义	观察值	平均值	标准差
劳动生产率	ln(总产值/企业员工数量)	225	3.8451	1.4893
是否有工业机器人	1=有工业机器人,0=没有工业机器人	225	0.5778	0.4950
工业机器人数量	现有工业机器人数量	114	58.2632	195.5388
信息管理系统	1=使用信息管理系统,0=不使用信息管理系统	225	0.5911	0.4927
政府扶持	1=政策补贴,0=没有政策补贴	225	0.3022	0.4602
企业年龄	2020年-企业注册年份	225	13.6578	9.4611
注册类型	1=内资企业(参照组),2=港澳台企业,3=外资企业	225	1.3244	0.6591

资料来源:根据 2021 年中国社会科学院国情调研重大项目"产业结构升级背景下制造业机器人实施状况调研"数据计算。

　　表 7-2 是工业机器人对企业生产率的回归结果。模型(1)显示,使用工业机器人对企业生产率产生显著正向影响,使用工业机器人的企业将比未使用工业机器人的企业平均生产率高出 51.97%,说明工业机器人的应用能明显提升企业的生产绩效。信息管理系统的系数显著为正,说明采用信息管理系统同样能够帮助企业提升生产力,产生的正向效应能使企业劳动生产率大幅度提升,相比未使用信息管理系统的企业能增加 70.97% 的经济效益。模型(2)分析了工业机器人使用数量对企业生产绩效的影响。解释变量工业机器人使用数量的系数显著为正,数值为 0.04%,尽管影响程度较小,但在此更关注其产生的效应方向,验证了拥有更多数量的工业机器人能提升企业生产率。结合两个模型的解释变量产生的正向效应可以发现,在新一轮科技革命中,使用工业机器人、信息管理系统等智能技术能够对企业生产效率产生积极的效应。科技创新是企业实力的驱动力,提升技术水平,才能抓住产业升级换代的机遇。如果国内的生产厂商没有拥有自主核心技术,完全依靠"两头在外"的生产模式加工中间投入品,则不需要全自动的机器操作任务,但是目前国内劳动力成本的优势正逐渐褪去,传统的制造业生产模式对外依存度高,这将在技术水平更新换代、供应链产业链融合发展中无法适应变革,始终嵌于全球价值链分工的落后地位。

表 7-2 工业机器人对企业生产率的影响

变量	（1）	（2）
是否拥有工业机器人	0.5197*	/
	（-0.2731）	
工业机器人数量	/	0.0004**
		（-0.0002）
信息管理系统	0.7097***	0.1688
	（-0.2658）	（-0.2418）
政府扶持	-0.3363	-0.4740*
	（-0.2327）	（-0.2604）
企业年龄	0.0201**	0.0168
	（-0.0086）	（-0.0102）
注册类型（内资企业为参照组）		
港澳台企业	0.0357	-1.7709**
	（-0.4592）	（-0.7410）
外资企业	0.7179***	0.7948***
	（-0.2388）	（-0.2265）
常数	2.8706***	4.0473***
	（-0.2246）	（-0.2306）
观察数值	225	114
R^2	0.164	0.215

注：括号内为 t 值；* $p<0.10$，** $p<0.05$，*** $p<0.01$。

资料来源：根据 2021 年中国社会科学院国情调研重大项目"产业结构升级背景下制造业机器人实施状况调研"数据计算。

其余的控制变量的回归结果显示，模型（1）中企业年龄的系数显著为正，表明生产经验更加丰富的企业拥有更多的资源和成熟的产业链，资本积累较多，能在市场竞争中占据更大的优势。但是值得注意的是，企业存在的时间越长，越不易改变企业内部管理模式，仅依靠原有的管理经验难以适应市场快速的变化，企业风险也将随之增加，因此更需要塑造市场创新、管理创新、技术创新的经营理念以应对激烈的市场竞争。

模型（2）中政府扶持的系数显著为负，说明没有政府补贴的企业拥有更高的劳动生产率。实际上，制造业企业尤其是高新技术企业，在企业设立之初，能够获得各类政府补贴，此时政府补贴对于企业的激励效应最为明显，企业将获得的资金投入转为创新投入，进而提升企业的生产规模。但政府资金补贴也存在一定的弊端，由于小规模企业对政府补贴的金额更为敏感，因此创业之初，依靠政府补贴能产出更高的效益。但是创新是一个持续性过程，需要投入大量资金，一次性的政府补贴难以满足企业研发需要，所以企业会在后续的发展中陷入创新瓶颈，甚至难以维持经营。而对于规模较大的制造业企业而言，政府补贴并不是重要的资金来源，企业一旦达到一定的生产率水平，就能够通过洞察市场需求进行企业管理、自我提升技术水平以提升竞争力。

在模型（1）和模型（2）中，以内资企业为参照组，外资企业系数显著为正，说明相对于内资企业，外资企业的劳动生产率更高。外资企业具备更先进的生产技术和管理模式，以大量投资进入国内市场，有较高的工资吸引拥有更高技能的劳动力，激励员工更加努力地工作，并且外资企业严格的管理模式和良好的工作环境，能够吸引和留住生产率更高的劳动力。由于外资企业拥有更多的自主核心技术，对机器设备的使用有着特定且更高标准的要求，在培训一线生产员工后，劳动力拥有对当前企业更具实用性的技能，员工的流动性更低，有利于企业提升生产绩效。

工业机器人的投入在期初将花费企业大量的资本，企业需要资金和时间培养合适的高技能劳动力、研发匹配企业生产需求的电脑程序，因此工业机器人的回报存在一定的时间滞后性，从近三年购买工业机器人的数量与对企业预计第二年和第三年销售增长率的关系中可以观察工业机器人对企业经营产生的长期效应。如图7-5所示，使用2017年制造业企业数据，横坐标为企业2015~2017年购买工业机器人加总数量占企业现有工业机器人数量的比例，以2017年销售额为基期，计算2018年和2019年销售增长率，以此作为纵轴，可以发现引进工业机器人能增加企业的产品销售额，并且随着近三年购买机器人数量的增加，企业的销售额增长速度也在加快。近三年工业机器人购买占比的企业主要分布在预计销售增长率为0~50%区间，说明企业对于工业机器人的引进有着较好的预期，认为技术水平能够提升企业的生产绩效，为企业带来更多的利润。企业也将在引入工业机器人后，得到持续的发展，第三年的销售额将在第二年的基础上得到提升。一些企业认为能在三年内大幅度增加企业销售率，做到企业销售额翻倍的成效。通过观察近三年购买机器人占比为100%的企业可以看出，大量的企业集中于近三年才初次购买工业机器人，其预期的第三年销售增长率范围最低为1.54%，最高为134.68%，说明企业对于工业机器人提升企业销售额整体有着积极向好的预期，但是对于企业未来的发展有着不同程度的观望态度。

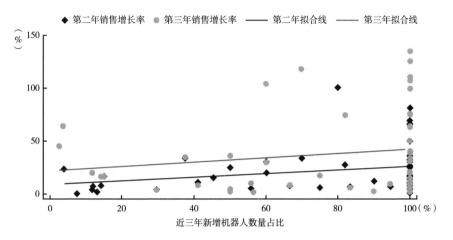

图 7-5　近三年新增机器人数量占比对预计销售率的影响

资料来源：根据 2018 年"中国企业—员工匹配调查"（CEES）数据计算得到。

三　机器人多样化与企业全要素生产率

在生产中，不同种类的机器人适用于生产的各类场景，工业机器人也拥有不同的生产用途，观察机器人种类、用途与企业全要素生产率的关系，可以更直观感受工业机器人对于技术水平的贡献程度。本节使用 2020 年制造业企业数据，采用柯布-道格拉斯生产函数（C-D 函数），将企业资产总值作为企业绩效，将生产成本和劳动力成本之和作为生产过程的资本投入，将员工数量作为劳动投入，计算后将除资本贡献和劳动贡献之外的要素贡献作为全要素生产率。工业机器人按坐标形式分类，其种类大致可分为多关节机器人、平面多关节机器人、坐标机器人、圆柱坐标机器人、并联机器人、工厂用物流机器人六类，将种类数量加总，使用的工业机器人种类数量越多，说明机器人运动的位置越多，能够适用于更多的生产流程。工业机器人用途可细分为焊接、喷涂、上下料、包装、码垛、搬运、洁净室、装配八类，将用途数量加总，用途数量越多，说明企业在生产环节中使用工业机器人替代劳动力的程度越高。

如图 7-6 所示，目前大多数企业拥有一到四类工业机器人，能够满足中小规模生产的基本需要。使用越多坐标形式的工业机器人对企业的全要素生产率贡献也越大。如图 7-7 所示，越多的工业机器人用途能产生越高的全要素生产率。工业机器人用途集中在一到三类，能够基本满足必需的使用场景，例如在搬运重物或者易碎物品时，或是生产对人体有害的化学用品时，能够自主作业的工业机器人将规避一定的生产风险，也提高了生产效率。能够自主学习的工业机器人具备更高端的知识技能，能够识别和检测残次品，也能自动优化生产工序，将取代不同技能水平的劳动力在流水线上发挥更高效的作用。目前还没有在八个环节都使用工业机器人的企业，远未达成生产线的各个环节全自动化水平，"无人工厂"的愿景远未实现。因此随着技术水平越来越成熟，引进不同种类的工业机器人，将工业机器人应用于不同的生产环节，将是制造业企业未来发展的必经之路。

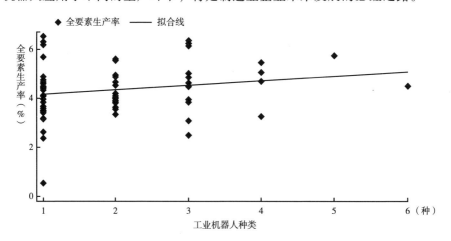

图 7-6   工业机器人种类对全要素生产率的影响

资料来源：根据 2021 年中国社会科学院国情调研重大项目"产业结构升级背景下制造业机器人实施状况调研"数据计算。

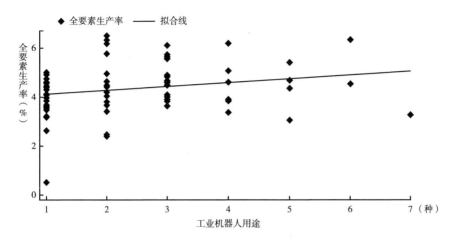

图 7-7　工业机器人用途对全要素生产率的影响

资料来源：根据 2021 年中国社会科学院国情调研重大项目"产业结构升级背景下制造业机器人实施状况调研"数据计算。

通过以上三个角度对当前机器人替代和企业生产率之间关系的分析表明，信息管理系统、数控设备、工业机器人等多种智能技术已经嵌入中国制造业企业的生产经营过程。目前在焊接、喷涂、上下料、包装、码垛、搬运、洁净室、装配等基本操作过程中依靠数量有限的工业机器人应用范围有限，因此当前制造业企业更多地将工业机器人与数控设备等多种智能技术协同应用，组成柔性生产线。当前中国制造业企业智能技术运用的整体水平有待提升，地区差异与国际差异明显，国内企业需要持续加大对智能技术的应用以积极参与全球价值链的竞争。

第三节　机器人替代对于制造业企业创新能力的影响

企业创新能力是一个复合性概念，创新资源的投入、创新成果的产出以及对创新活动的主动性参与和前瞻性预测都将影响企业整体的创新能力，进而将创新能力转化为经济价值和竞争优势。本节采用创新投入、创新产出、创新潜能三个维度全面衡量企业的创新能力，分析机器人替代对企业创新能力的影响。

一 机器人替代与企业创新投入

本部分采用产品和工艺创新、研发支出、研发人员投入三个指标衡量企业创新投入。图 7-8 统计了 2017 年使用工业机器人的制造业企业进行产品创新和工艺创新的比例，其中工艺创新包括生产方法创新、生产流程创新和其他工艺创新。2017 年有 59.98% 的企业进行了产品创新，大部分企业对现有产品进行了改善，或者推出了新一代的产品。根据产品生命周期理论，商品从进入市场直至最后淘汰退出市场经历了进入期、成长期、饱和期和衰退期四个阶段。统计抽样中的相关数据后发现，有 21.91% 的企业主要产品生命周期在 1~2 年，29.45% 的企业主要产品生命周期在 9 年以上。制造业涵盖 31 个大类，不同类型的行业进入和退出市场的难度也不尽相同，进入壁垒高的产业所生产的产品具备较高的竞争力，能够维持较长时间的产品生命周期，而进入壁垒低的产业面临大量的市场竞争者，产品更新速度快，必须迎合消费者的需求，调整企业生产战略，在商品由成熟转为衰退的过程中，及时改善和创造新产品，才能留住已有的消费者，开拓新的消费市场。因此使用工业机器人的制造业企业中，59.98% 的进行产品创新的制造业企业相对于其余没有进行产品创新的企业更具备创新投入的意识。

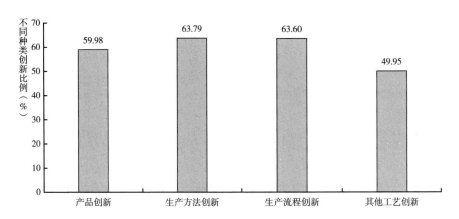

图 7-8 2017 年使用工业机器人的企业不同种类的创新占比

资料来源：根据 2018 年"中国企业—员工匹配调查"（CEES）数据计算得到。

在使用工业机器人的企业中，相比产品创新，更多的企业进行了工艺创新，只有以工艺创新为基础，才能将生产过程中无形的技术水平输出为实质性的产品创新。如图 7-8 所示，63.79% 的企业进行了生产方法创新，63.60% 的企业进行了生产流程创新，49.95% 的企业进行了其他的工艺创新。工艺创新更注重新技术的引进和运用，生产方法的创新能够提升产品的成品率，降低损耗率，也能通过技术水平的提升生产具备更高附加值的产品，从而增强产品的竞争力。生产流程的创新更集中于优化生产线，利用新工艺开发新资源，降低生产成本，整合各类生产要素，提升企业生产的效率。整体上看，已使用工业机器人的企业更加具备创新意识，大多数企业能通过产品创新和工艺创新提升企业整体的创新能力。

企业创新投入最为直观的表现为企业研发支出，即针对研发投入的资金数额。图 7-9 统计了 2017 年不同注册类型的制造业企业年平均研发支出。只有意识到持续性的创新投入能够获得未来更高的回报，才能激发创新的动力，企业才更愿意在研发上投入大量的资金。未拥有工业机器人和已拥有工业机器人的企业分别投入的年平均研发支出为内资企业 1.67 万元和 6.65 万元，港澳台企业 7.92 万元和 2.28 万元，外资企业 1.78 万元和 1.80 万元。外资企业的研发投入较低，且区分有无工业机器人后，数值并未显示明显的差异，这是因为外资企业研发中心大多在国外的总公司，国内的经营重心在于生产环节，因此国内公司并不需要大量的研发投入。已拥有工业机器人的内资企业对于研发的投入是还未使用工业机器人的企业的 3.98 倍，说明引入工业机器人的内资企业对于技术创新的意识更强。从总体平均值看，内资企业需要更多的研发投入来提升企业创新实力。作为中国顶尖的科技公司，2021 年华为的研发资金为 1418.93 亿元，华为意识到掌握核心技术的重要性，只有通过长期研究开发自主核心技术，才能摆脱对国外供应商的依赖，增强企业的综合实力，提升产业链整体价值，从而在全球化的科技革命中占据主导地位。目前中小规模的企业难以负担像华为大规模企业的高额研发投入，因此研发动力需要多方的支持，尤其是需要外部力量即政府的支持，才能维护和激活市场创新的能力。

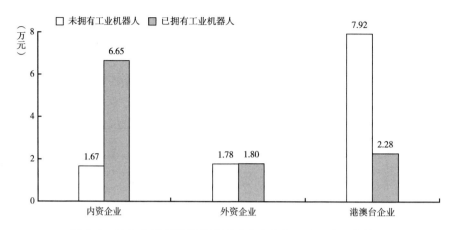

图 7-9 2017 年不同注册类型制造业企业年平均研发支出情况

资料来源：根据 2018 年"中国企业—员工匹配调查"（CEES）数据计算得到。

创新投入除了资金支持，还需要耦合其他生产要素的投入，尤其是劳动力要素。图 7-10 统计了 2015~2020 年所有制造业企业各类员工数量的发展趋势，并区分了一线生产员工和研发人员。从整体上看，总体员工和研发人员数量增长，一线生产员工数量较为稳定。研发人员数量明显的上升趋势，说明当前国内制造业企业正加大对高技能水平研发人员的投入，管理决策正偏向于对新兴技术的开发，推动企业科研成果的产出并转化为市场需求的产品。

在此基础上使用江苏省和广东省制造业企业数据，统计 2018~2020 年未拥有工业机器人和已拥有工业机器人企业中一线生产员工和研发人员占比能够更深入地展现企业创新投入的发展趋势。如图 7-11 所示，在已拥有工业机器人的企业中，2020 年一线生产员工占比有所下降，从 2019 年的 66.32% 下降到 2020 年的 61.10%，可能是受到 2020 年疫情的影响，企业调整内部生产模式，更多地使用机器人替代生产工人。已拥有工业机器人的企业研发人员占比一直高于未拥有工业机器人的企业，说明已拥有工业机器人的企业对于创新的投入更多，以维持深度的脉络性的研究，有助于企业提升创新能力。从图 7-10 可知，制造业企业的员工总数整体呈上升趋势，即伴随企业的规模逐年扩大，在引进工业机器人后，机器设备会替代

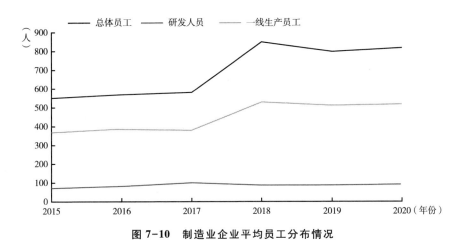

图 7-10　制造业企业平均员工分布情况

资料来源：根据 2015~2018 年"中国企业—员工匹配调查"（CEES）和 2021 年中国社会科学院国情调研重大项目"产业结构升级背景下制造业机器人实施状况调研"数据计算。

一部分低技能的生产工人，补充更多的研发人员以满足维护和开发技术水平的需要，这一趋势也在图 7-11 中得到体现。

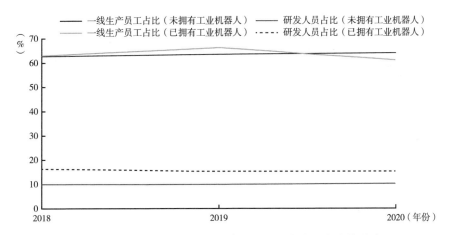

图 7-11　机器人替代对一线生产员工和研发人员占比的影响

资料来源：根据 2021 年中国社会科学院国情调研重大项目"产业结构升级背景下制造业机器人实施状况调研"数据计算。

二   机器人替代与企业创新产出

由于难以界定企业利润中创新所占的贡献，而且一旦专利申请成功，关于专利的研发投入就转为无形资产，因此很难从财务报表中挖掘关于企业创新产出的有用的信息。在本部分，将采用近三年企业获批大陆专利的数量和申请国外专利的数量作为企业创新产出的评估指标，观察机器人替代与企业创新产出的关系。

大陆专利分为发明专利、实用新型专利、设计专利。如图7-12所示，已经进行机器人替代的企业近三年获批的平均申请专利数量为52.19个，高于未拥有工业机器人的企业。发明专利是三种专利中技术含量最高的专利，保护期限更长，需要开发全新的产品或者技术。从发明专利上看，未拥有工业机器人的企业平均获批13.31个，已拥有工业机器人的企业平均获批9.44个，未进行机器人替代的企业占据相对的优势。但是由于制造业下各个产业的生产模式和方法不同，因此企业名下获批的专利种类也会产生较大的差距。在观察实用新型专利和设计专利的平均获批数量后发现，已使用工业机器人的企业在产品的实用性技术方案、外观上有更大的创新能力。在观察大陆专利所代表的创新产出能力后，考虑到国内的专利从申请开始满一年半个月才具有临时保护权，近三年获批的专利是2013~2015年申请，

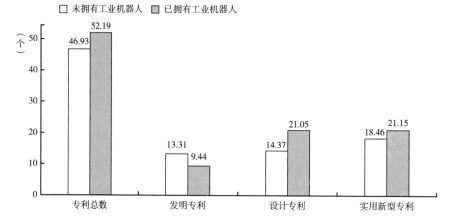

图7-12   机器人替代对近三年获批专利数量的影响

资料来源：根据2018年"中国企业—员工匹配调查"（CEES）数据计算得到。

因此获批数据有相对的时滞性。且目前企业申请国内专利的目的一方面是改善企业生产过程和产品的创新性，另一方面可能是获得政府补贴，或是满足申请高新技术企业的必备条件，因此还需要补充其他数据来分析专利作为创新产出的衡量指标的准确性。

　　除了申请大陆专利这一渠道，企业还能通过向海外的专利局申请，实行专利多方保护。目前全球五大知识产权局分别为中国国家知识产权局、欧洲专利局、日本特许厅、韩国特许厅、美国专利局。如果企业在国外申请专利，需要花费更多的时间和精力，能从一定程度上体现专利的高质量。图 7-13 统计了近三年企业在国（境）外申请专利的平均数量，可以看出已拥有工业机器人的企业近年来在国际上申请的专利数量明显多于未拥有工业机器人的企业。未进行机器人替代的企业在美国、日本、欧洲、中国港澳台及其他国家申请的平均数量不足 1 个，说明企业创新产出的能力较差。而已拥有工业机器人的企业在美国专利局申请的平均数量为 16.53 个，在包含韩国等其他国家申请的平均数量为 16.49 个，说明企业申请专利质量较高，创新产出的能力较强，能够在国内和国际多方申请专利，具备较强的保护企业的核心自主能力意识。

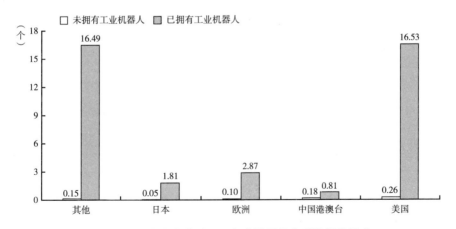

图 7-13　机器人替代对近三年申请国外专利数量的影响

资料来源：根据 2015~2018 年"中国企业—员工匹配调查"（CEES）数据计算得到。

三　机器人替代与企业创新潜能

本部分将企业对增加机器人和人工智能的创新计划和行为作为企业创新潜能的衡量指标，研判是否进行机器人替代对企业过去和未来使用新技术的影响，并通过调研企业对政策扶持的需求迫切程度了解当前制造业企业在技术革命下需要哪些具体的外部支持。

表 7-3 针对 2020 年疫情影响，统计了企业对于增加机器人和人工智能的创新计划和行为。如表 7-3 所示，45.45% 的已拥有工业机器人的制造业企业在 2020 年已增加机器人和人工智能技术的使用，5.15% 未拥有工业机器人的企业尽管没有使用工业机器人，但是在 2020 年采用了其他的人工智能技术。从短期计划看，70.68% 的已使用工业机器人的企业将在 1 年内采用更多的智能技术，而未拥有工业机器人的企业中仅有 5.15% 的企业愿意引进先进的技术。从长期计划看，82.71% 的已拥有工业机器人的企业将在未来 1~3 年继续增加对机器人和其他人工智能技术的投入，而这一比例是未使用工业机器人企业的近 6 倍。已使用工业机器人的企业拥有更多的创新潜能，相比于未使用工业机器人的企业，积累了智能技术的应用经验，由于技术水平更新换代速度快，市场需求变化快，疫情的常态化将促使有工业机器人的企业继续加大对工业机器人和其他人工智能技术的投资。

表 7-3　机器替代对企业增加机器人和人工智能的创新计划和行为的影响

单位：%

计划	占比	
	未拥有工业机器人	已拥有工业机器人
2020 年已增加机器人和人工智能技术使用	5.15	45.45
计划于 1 年内增加机器人和人工智能技术使用	5.15	70.68
计划于 1~3 年内增加机器人和人工智能技术使用	14.43	82.71

资料来源：根据 2021 年中国社会科学院国情调研重大项目"产业结构升级背景下制造业机器人实施状况调研"数据计算。

根据上述企业对于过去和未来增加工业机器人和其他人工智能技术的分析，我们可以看到未使用工业机器人的企业日后引进人工智能技术的可能性并不高，为了更深入地探究其中的原因，表7-4统计了企业针对机器人和人工智能技术的五类政策的平均需求迫切程度，1~10分表示迫切程度由低到高。在五类政策需求中，未拥有工业机器人的企业对政策的迫切程度都远高于已拥有工业机器人的企业，其中对工业互联网、大数据、5G等"新基础设施"需求迫切程度为7.56分，对资金支持以降低企业机器人和人工智能技术使用成本的迫切程度最高，为8.11分。除此之外对技术和技术应用支持、人工智能技术人才支持和技能培训支持，未进行机器人替代的企业都有着极大的需求。未拥有工业机器人的企业同样有创新意识，但是缺乏各类条件的支持，难以在生产中开展机器人替代，跨越使用先进的智能技术的高门槛。已使用工业机器人的企业对五类政策需求大致分布在1~2分，说明已经进行机器人替代的企业也需要相关政策的支持，但是目前已有的政策扶持力度有限，已进行机器人替代的企业意识到完全靠政策扶持实现企业创新能力的提升并不现实，更多的是企业内部加大对高新技术的研发，以实现完全的机器替人。

表 7-4　制造业企业对智能技术相关政策的需求情况

单位：分

政策需求	需求迫切程度	
	未拥有工业机器人	已拥有工业机器人
工业互联网、大数据、5G等"新基础设施"	7.56	1.55
资金支持以降低企业机器人和人工智能技术使用成本	8.11	2.09
技术和技术应用支持	8.09	1.74
人工智能技术人才支持	8.00	1.79
技能培训支持	8.07	1.81

资料来源：根据2021年中国社会科学院国情调研重大项目"产业结构升级背景下制造业机器人实施状况调研"数据计算。

对机器人替代与企业创新产出、创新投入、创新潜能的关系进行分析，结果表明，已拥有工业机器人的企业具备更强的创新能力，对新技术的应用有更高的敏感性。尽管在产业发展中翻来覆去地强调创新的重要性，但是能够真正推倒现有技术束缚的藩篱、实现突破性的创新创造还有很长的路要走。

第四节　小结与政策含义

一　本章小结

技术水平是推动经济增长的重要源泉，新技术革命催生的新产品、新业态、新市场为国家整体经济发展和企业生产率提升带来了全新的机遇和挑战。本章基于"中国企业—员工匹配调查"和"产业结构升级背景下制造业机器人实施状况调研"数据，从企业微观层面探究了机器人替代对中国制造业企业生产率和创新能力的影响。研究结果发现，机器人替代能够有效提升企业生产力，依靠机器人、人工智能等先进技术，打造国内的新型制造业竞争市场，提升产业链现代化水平，将抢占全球制造业价值链的新高地。研究还发现，使用工业机器人与企业创新能力呈现正相关关系，进行机器替代的企业在创新投入、创新产出、创新潜能上发挥了更明显的优势。但是值得注意的是，虽然中国制造业企业对技术水平的应用速度加快，但是目前新技术发展的时间和经验积累不足。最大限度地发挥创新驱动的作用，将无形的创新转化为客观存在的生产力将是制造业企业下一步优化管理和调整生产模式的重要目标之一。

二　政策含义

首先，提升创新意识，加大对自主核心技术研发的投入。研究表明机器人替代对企业生产率和全要素生产率有显著的正相关关系，制造业企业应进一步加大研发资本和高技能劳动力的投入。及时关注同行业其他企业、客户、供应商的发展动态，拓展创新合作伙伴范围，结合企业内部研发与大学或其他科研机构研发，聚焦于核心关键技术的长期性投入。同时加大培养高技能水平的劳动力的力度，提升企业人才的核心竞争力。以此多方优化生产要素，实现颠覆性的技术革新。

　　其次，政府多方面扶持中小规模企业，加快企业进入智能技术运用队列的步伐。研究表明，未拥有工业机器人的企业对于增加机器人、人工智能的政策需求迫切程度高，但是不具备完善的研发条件，因此维护和激活市场创新活力需要政府这一外部力量的强有力支持。衡量政策的成本和能够创造的经济价值后，政府应从多方面为企业提供资金、人才培训、技术应用等方面的补贴，打通企业使用工业机器人的渠道。技术创新呈螺旋式上升，一次性的政府补贴一定程度上不利于企业持续性的创新活动，因此政府应长期关注制造业企业智能技术的发展动态，提供动态有效的支持。

　　最后，重新审视评判新技术运用的优劣标准，不盲目追求片面的技术提升速度。新技术对于人类社会的影响深远，不同于传统的科学技术，机器人、人工智能可以将人类的思想融合入冰冷的机器设备，因此需要理性地思考未来智能技术应用程度的优劣，不囿于追求使用机器人提升企业生产效率，在此基础上多思考人工智能和未来劳动力的关系，赋予人工智能更多自动学习的能力，形成机器学习的良性循环，才能辩证性地统筹短中长期的目标，跟上国际新技术发展的领先水平。

第八章
主要研究结论与政策建议

制造业产业升级过程中，机器人化已经成为世界大多数经济体的一个典型化的特征。制造业产业升级需要工业机器人助力，机器人加速应用既是中国应对出生率下降、人口老龄化和劳动力供给减少挑战的路径，也是促进产业升级、提高生产率和创新驱动经济高质量发展的必然趋势。

第一节　制造业产业升级过程中的机器人化

本书基于国际机器人联合会（IFR）跨国分行业时间序列数据和中国企业—员工匹配调查微观数据，以及本研究在江苏省和广东省实施的智能制造企业问卷调查、实地访谈数据资料，系统全面地研究了中国制造业升级中，企业机器人应用的典型化特征与产生的效应。主要研究结论如下。

在理论探讨方面认为：一是生产过程的自动化是技术进步的一部分表现。从历史的视角观察人类经济增长的过程，过去150年的经济增长过程就是被自动化驱动的过程。机器人、人工智能是延续这种自动化过程的下一个阶段，机器人应用的加速也同时伴随着新的职业、经济活动、行业及工作任务的出现，机器人允许以往不能被自动化的工作任务实现自动化生产。

二是随着技术进步的飞跃，机器人及其技术应用逐渐走进经济社会生活的方方面面，机器人引入生产过程中，用来替代一些重复的、危险性高的工作岗位，但同时也带来了企业内劳动关系的变化。机器人及其技术的应用，尚缺少完善的法律规定，同时也给劳动关系和劳动力市场制度带来了巨大的挑战，需要适当的制度调整来应对机器人及其技术应用带来的影响。三是为了应对机器人及其技术应用带来的各种影响，制度变革势在必行。需要从税收制度、社保制度、教育制度、收入补贴以及高质量的劳动力市场等方面，应对机器人使用带来的不利影响，以期通过有效的制度变革，让我们在享受机器人发展带来的红利之时，也能解决机器人发展带来的诸多问题。四是机器人和人工智能将对就业、工作任务和人力资本回报产生影响。首先，就业替代效应和就业创造效应同时存在；其次，非常规性、认知性、社交性等工作任务增多，不容易被自动化的常规性工作任务也在增多，某一职业的工作任务内涵趋于多元化；最后，机器人技术进步在短期内可能会降低劳动收入份额，在长期内能实现收入持续增长，但低技能劳动力的工资收入增长慢于高技能劳动力。

在国际经验方面：一是从国际经验揭示了工业机器人应用的"卡尔多事实"——要素价格变化增大了工业机器人需求、人口结构的变化是诱发工业机器人应用增长的重要原因、工业机器人运行存量与经济体量正相关、工业机器人应用存在后发优势、工业机器人应用本质上是资本深化过程。二是全球工业机器人应用的典型事实表明工业机器人广泛应用于高技术制造业，而在传统劳动密集型产业中使用较少，本质上是这些行业资本的进一步深化，但当前中国工业机器人在一般制造业应用中存在产能过剩，而在附加值较高的零部件制造业中应用程度则相对不高。三是不同国家推进工业机器人应用都基于本国产业比较优势，基于中国的调查和实地调研也进一步证实工业机器人产业中龙头企业的初始发展路径都基于相似产业背景。四是从全球范围来看，工业机器人企业都依赖于原产业发展路径或相似产业背景。

在中国经验方面：一是中国制造业工业机器人总量飞速增加，人口和人力资本是其持续增长的重要原因，不同行业应用情况相差巨大。二是中国制造业企业数字化应用和能力素质在不断提升，企业引进机器人或人工智能设备可以有效缓解劳动力成本上升、疫情等社会不确定性带来的压力，且能显著提升企业产值、利润，降低生产成本，提高人均效能。三是制造业企业引进机器人或人工智能设备对于企业组织架构、内部工作岗位、用工结构和劳动力市场就业需求有一定的影响，更多的中高技能型人才依然可以与先进技术共存，共同促进经济社会高质量发展。四是机器人作为中国制造业企业替代劳动力的一个选择，可以在一定程度上缓解劳动年龄人口减少而导致的劳动力供给短缺问题。从企业微观层面来看，在短期内，"机器换人"并未造成制造业大量员工失业，企业更倾向于通过岗位转换将被替代的员工转换至新的工作岗位。

在机器人促进中国制造业产业升级方面：一是新技术主要通过扩大生产效率增长边界和提高要素配置效率来实现中国制造业转型升级，以工业机器人为例的新技术使用会对资本、劳动力等要素市场产生交互影响。二是机器人、人工智能等新技术的运用能显著提升中国制造业企业生产率和创新能力，但是目前智能技术应用水平仍有较大的提升空间。中国要从制造大国转变为制造强国，需要依靠创新驱动保持制造业长期可持续的竞争力。三是依靠投资驱动中国制造业产业发展难以为继，中国制造业产业实施机器人替代战略既是机遇也是挑战。想要迈向世界高端制造业行列，需要企业增强创新意识，加大研发投入，掌握生产环节的自主核心技术，提升制造业产业国际竞争的综合实力。四是机器人替代能够有效提升企业生产力，依靠机器人、人工智能等先进技术，打造国内的新型制造业竞争市场，提升产业链现代化水平，将抢占全球制造业价值链的新高地。五是中国新兴职业都与新技术应用有关，使用工业机器人与企业创新能力呈正相关关系，实施机器人替代的企业在创新投入、创新产出、创新潜能上发挥了更明显的优势。

综上所述，以工业机器人为代表的第四次工业革命将颠覆传统制造业产业结构，中国第一次与其他国家站在同一起跑线上，对中国未来发展影响深远。工业机器人在中国的应用快速增长，既是中国制造业产业升级的趋势，也是中国制造业迈向全球制造业强国的必由之路。中国在食品制造、纺织、汽车制造等领域工业机器人应用的市场份额已位居全球第一，工业机器人在中国纺织业、木制品及家具制造业、塑料和化工制造业、金属加工业及汽车制造业应用优势明显，其存量占据全球相关产业 1/4～1/3。但工业机器人应用通过提高生产效率和企业创新能力推动中国对制造业升级仍面临严峻的潜在挑战，具体表现在：一方面，进口国外机器人零部件及整机比重远大于国产品牌，部分关键核心技术瓶颈亟待突破，传统制造业中工业机器人产能过剩初步显现，而在电子元器件等先进制造业中工业机器人应用优势不明显；另一方面，中国国产工业机器人的关键核心技术对外依赖性仍较高，尽管硬件和国外差距逐步缩小，自主研发的国产机器人操作系统、传感技术、核心算法及其与机器人兼容性还存在较大差距。国内市场对工业机器人需求日益增大，国外企业也采用降价的模式来挤压国产机器人企业的生存空间，由于技术差距明显而产品价格相近，国产工业机器人及其零部件产品的市场优势受到极大挑战。需要政策支撑和调节，促使机器人新技术应用和自主创新有机结合，放大技术进步对制造业产业升级的促进作用。

第二节　机器人技术进步促进中国制造业产业升级的政策建议

党的十九大报告着重强调"推动互联网、大数据、人工智能和实体经济深度融合"。《中华人民共和国国民经济和社会发展第十四个五年规划和2035年远景目标纲要》明确指出要"瞄准人工智能等前沿领域，实施一批具有前瞻性、战略性的国家重大科技项目，打造数字经济新优势，培育壮大人工智能等新兴数字产业"。伴随着机器人、人工智能日益渗透到非常规的工作任务领域，如推理、感知和决策等，现在的机器人已不再只是一个会重复操作的自动化工具或设备，它在现实意义上拥有了学习推断的能力，可能从脑力劳动层面对就业形成系统替代。

政策应对的重点既要顺势而为，也要趋利避害，总体上必须重视加快推行技能再提升战略，同时做好机器人冲击低技能劳动力社会保障兜底工作，有效规避机器人、人工智能新技术对低技能人群的就业和收入冲击，防范化解科技和产业革命带来的结构性失业风险。

一 多层面着手应对新技术革命变化的政策调整

中国现阶段利用人口红利的增长方式已经消失,世界不同经济体之间科技水平的差距缩小意味着后发优势的不断减弱,把握中国产业升级的内在规律和比较优势,顺应机器人化的技术进步趋势,积极应对机器人、人工智能新技术革命的挑战。未雨绸缪,从政策、制度和社会意识等多层面着手,加速推动向创新经济的转型,引导新技术应用补齐中国经济社会发展的短板领域。

科技进步将推动重大和不可预测的变革。机器人及其新技术在中国的快速应用,促进产业升级,现状和发展与国家创新发展战略、政策支持和深化改革密不可分。政府引领科技进步和发展模式值得推广和不断探索。国家对产业、科技创新、技术应用等政策要着眼于长远,扶持和引导企业进行新技术改造和升级。对机器人技术应用的支持政策要瞄准企业自动化和智能化发展的实际需求,将有限的政策扶持资金用来支持机器学习、操作系统、传感技术、核心算法以及与机器人制造相关的关键核心技术上。

政策应对和预测要系统全局地思考如何避免机器人、人工智能带来的负面影响。对新技术的政策应对更应该未雨绸缪,提前让整个社会尤其是教育体系、技能培训体系做好充分准备,让劳动力资源和人才结构适应机器人、人工智能带来的种种变化。与此同时,也应着力加强数据和人工智能在各个年龄组劳动群体的教育和培训,政府政策制定部门应长期关注相关领域的教育,保证未来的劳动力,尤其是广大农村地区青少年具备技术进步所需的技能和知识积累。这不仅包括要建设数据科学家和工程师的人才储备库,还需要让大多数劳动力懂得不同行业不同领域新技术如何使用。学校教育需要更重视科学、技术、工程和数学等学科,即使基础教育和职业培训也需要增加数据科学的相关教育内容。

二 科技创新是工业机器人发展和产业升级的基础

为了使工业机器人能促进制造业企业产业升级,一是发挥市场作用,优化资源配置效率。地区之间资源禀赋不一、要素价格不同,产业之间生产环境差异巨大,对工业机器人的需求也各不相同。不能忽视客观规律强行推动产业升级，工业机器人应用不能一味求多求快，使用行政命令压低机器人价格或抬高其他要素价格，避免工业机器人在缺乏比较优势的领域过度使用，既损失了资源配置效率，又对财政造成巨大负担。同时，保护企业知识产权，增大知识产权侵权行为违法成本，激励企业创新和自主研发。二是创新驱动，加大机器人国产关键核心技术研发力度，提高全要素生产率。科学技术的突破是工业机器人在制造业中应用的前提，加快基础理论和核心技术领域突破，为机器人促进产业升级提供理论支撑和技术支持。鼓励具有前沿性和共性的技术开放共享，调动企业自主创新积极性，特别是工业机器人领域头部企业把握自身特点，差异化发展，支持机器人制造和软件厂商开发低门槛的通用型机器人。三是支持工业机器人发展，带动制造业整体产业升级。以工业机器人为代表的第四次工业革命将颠覆现有生产方式，加强对机器人系统开发、基础软件等共性技术，机器人仿生感知与认知、人机交互等前沿技术突破，促进工业机器人与 5G、人工智能、大数据等优势产业融合。集中优势资源，向核心产业和高端产业升级，特别是伺服系统、减速齿轮和控制器等机器人生产上游核心零部件，重点突破"卡脖子"产业。四是增强企业自给自足能力，避免垄断和过度依赖。由于工业机器人产业技术含量高、发展前景大、产业链长，对其他产业有巨大的正外部性，许多国家选择使用直接补贴、优惠贷款和税收减免等方式进行支持，但过度支持可能会产生一批缺乏活力、依赖补助的企业。工业机器人产业发展到一定阶段后，应当让企业发挥规模效应的同时防止垄断产生。

三　因地制宜、分门别类地引导推进机器人应用

引导和推进机器人应用，首先要把握工业机器人应用规律。当前中国纺织业、食品饮料等传统行业的机器人存量已位居世界第一，可预期的设备折旧将逐步提高；同时中国工业机器人主要应用于具有比较优势传统制造业中，如纺织业和金属加工制造业，而在半导体及零部件制造等高技术制造业中应用比重还不及韩国和日本，应立足不同地区传统制造业装备技术升级需求，避免盲目推进"机器换人"，以比较优势为产业发展重点，开展工业机器人对传统生产线或生产系统的智能技术改造。其次，对不利

于人工操作和劳动的环境，应积极引导在健康危害和危险作业环境、重复繁重劳动、智能采样分析等关键岗位应用机器人。鼓励国产核心零部件制造业发展，提升减速器、伺服电机、传感器以及末端执行端的研发创新能力。最后，新技术更新换代速度很快，需要准确把握智能化趋势，加强对机器人基础共性技术的研发，提前布局前沿机器人产业发展重点。加快制定企业经营数据安全与保护标准，鼓励工业流程改造和基础数据共享。企业层面人工智能技术数据的缺失是评估和研究新技术应用的一个"痛点"（Raj & Seamans，2019）。

四　解决工业机器人应用所面临的诸多实际问题

目前市场上企业对大数据、人工智能、机器学习等专业人才的需求较大，但是相关人才供给不足，政策支持推动产教融合，鼓励机器人集成企业走进高校，让高校了解企业的实际人才需求。充分利用大数据等现代高科技技术手段，建立就业者和企业之间的信息沟通平台，为就业者提供互联网在线培训，使就业者即使在高校外也能享受到专业化的技能培训。政府应当帮助企业分担新技术应用的职业技能培训和岗位培训的成本，减少企业的用人成本。从住房、户籍及子女教育等方面，稳定企业所需的高端人才劳动供给。

工业机器人应用可能会加剧企业间和企业内的收入不平等，要从初次分配和再分配领域建立健全基于要素市场的分配制度。政府可以为因机器人的引入而失业的群体提供失业保障，比如为他们提供职业技能培训和失业保险。防止数据垄断，需要完善相关法律、健全数据交易市场，最终使得资本、劳动和数据在一个相对健全的要素市场之中自由流动，按照贡献分配。

由于缺乏足够的资本依托，大部分私营企业难以及时享受到科技带来的红利，机器人技术应用发展缓慢，政府应为其提供切实的优惠政策，降低甚至消除机器人使用的门槛。整合上下游产业链资源，发挥企业创新的溢出效应，形成有利于创新的发展新格局。

国有企业积极发挥龙头作用，依托资本优势进行创新，发展机器人相关技术产业，提高劳动生产率，同时也要深化国有企业改革，激发微观市场主体的活力。国有企业还应紧密围绕国家战略，研发核心技术、应用高新成果，真正发挥在市场经济条件下的引领带头作用。

五 工业机器人替代战略核心是生产率和创新能力的提升

首先，机器人替代对制造业企业生产率和全要素生产率有显著正向效应，制造业企业应进一步加大研发资本和高技能的劳动力的投入。聚焦于机器人应用和机器人产业发展的核心关键技术的长期性投入。同时加大培养高技能水平的劳动力的力度，提升企业人才的核心竞争力，以此多方优化生产要素，实现颠覆性的技术革新。

其次，大多数未拥有工业机器人的制造业中小企业对于增加机器人、人工智能的政策需求迫切程度高，但是不具备完善的研发条件，因此维护和激活市场创新活力需要政府这一外部力量的强有力支持。衡量政策的成本和能够创造的经济价值后，政府应从多方面为企业提供资金、人才培训、技术应用等方面的补贴，打通企业使用工业机器人的渠道。

最后，重新审视评判新技术运用的优劣标准，不盲目追求片面的技术提升速度。新技术对于人类社会的影响深远，不同于传统的科学技术，机器人、人工智能可以将人类的思想融合入冰冷的机器设备，因此需要理性地思考未来智能技术应用程度的高低，不囿于单纯追求使用机器人提升企业生产效率，在此基础上多思考人工智能和未来劳动力的关系。

六 应对智能机器换人、提升人力资本积累的重要举措

人工智能、机器换人对劳动力市场和人力资本积累体系影响巨大而深远，应对技能与技术错位的严峻挑战应该针对新技术革命对人力资本及其技能需求的特征，提前采取重要举措进行未雨绸缪。

第一，儿童早期人力资本投资的行动计划。应对智能机器换人的政策和行动干预要从系统全局考虑如何避免机器人、人工智能对人力资本积累带来的严峻挑战。人工智能新技术革命趋势下，需要的不再是单一的专业技能，需要认知能力、沟通技能、社会行为能力以及语言和计算能力等的组合。而早期人力资本投资对一个人这些能力的培养至关重要。根据经济学、心理学、认知科学和神经科学等领域研究成果，0~3岁儿童能力发展

状况不仅直接关系 4~6 岁儿童能力的成长，还会影响未来的学业表现和教育水平，以及成年后的人力资本积累。"十四五"时期主要的举措包括：其一，应当增加对学前教育的财政经费投入总量，逐步填补对 0~3 岁婴幼儿公共教育服务的空白；其二，针对科学的随机干预措施来制定对儿童早期营养、健康及养育的人力资本投资政策，增强政策实施和投资的实际效果与目标性。

第二，应对新技术变革的技能培训与瞄准。机器人、人工智能的加速扩散和应用，不但会造成技术性失业，而且技能日益变得过于专业化、简单化的劳动者，其人力资本会更加脆弱。应对新技术变革的培训体系需要遵循以技能为基础的方向，而不是以学位为基础动态变化的劳动力市场。人力资本是抵御自动化进程的根本所在，除发展基础技能之外，还要培育高阶认知技能和社会行为技能。"十四五"期间主要举措包括两方面：一方面，瞄准面临被机器人、人工智能替代及技术性失业的工人，实施每年 200 万元规模的免费"技术性失业"技能培训，帮助受冲击的劳动力重新适应并获得新技能；另一方面，机器人和人工智能新技术带来的工作任务变化，正在重塑工作所需要的技能，根据技能需求变化的趋势，设定培训目标、培训内容及培训效果评价。

第三，推动新技术革命下城乡人力资本积累体系差距的缩减计划。城乡教育体系、教育资源及教育机会原本的差距，会在人工智能新技术革命的推动下呈放大趋势。北上广深等一线大城市的中小学生每年都会花大量时间去学习机器人、航模，甚至有机会参加全国性的机器人大赛，对"人工智能""机器人""3D 打印"经常有亲临体验。而贫困地区的孩子，可能连真正的电脑都没见过，对时代和技术进步的景象全然不知。这种差距会造成我国人力资本积累体系的短板，政策应对需要逐步缩减这种差距，避免人力资本积累的不平等。"十四五"时期主要措施包括：其一，逐年提高对农村贫困地区的生均教育经费投入，使之高于全国和城镇地区教育经费支出的增长幅度，中西部农村地区教育投入增幅要高于东部农村地区；其二，着力加强数据和人工智能在农村各个年龄组学龄人口的教育，政府政策制定部门应长期注重对农村地区学校开展相关领域的教育课程。

七　加强教育和社会保障体系建设应对机器人应用的长期挑战

从国际经验来总结，人工智能新技术扩散和应用的一个显著趋势是技术成本的降低，但不能均等地渗透。超大型企业的自然垄断倾向使它们通过算法和应用程序，排斥竞争与简单化劳动者技能，劳动者的人力资本变得更加脆弱。随着新部门、新工作任务的兴起，新技术的需求和工作任务与劳动者技能之间的差距，是目前中国人力资本积累体系面临的最大挑战。经济和劳动力市场对机器人的反应和调节受制于一个更为关键的因素——技术与技能的错配，新技术、新工作任务的要求与劳动者技能之间的错配。这种错位减缓了劳动力需求的调节、扩大了收入不平等，也减少了来自自动化和新工作任务创造的生产率收益。中国劳动力市场上这种工作任务与劳动力技能错配的矛盾将更加突出，劳动力在高等教育中学习到的知识积累和掌握的认知能力在未来会陷入与技术进步错位的困境。劳动力要适应未来新的工作任务，需要发展和具备哪些技能，须一系列公共政策提前应对，改革和提升人力资本积累体系。

中国正在从劳动密集型的制造业向高技能、技术密集型生产转型，不仅面临新技术应用下后来者的挑战，还必须与发达经济体中劳动力成本高、资本密集型的生产者，以及亚洲和东欧地区劳动力成本适中、技术密集型的生产者展开竞争。对新技术革命给中国人力资本积累带来的挑战更应该未雨绸缪，提前让整个中国社会尤其是教育体系、职业培训体系做好准备，让劳动力资源和劳动力结构适应人工智能带来的变化与趋势。

应对机器人、人工智能新技术变革对劳动者带来的挑战，其一，教育培训体系需要瞄准未来职业和工作任务需要的能力。以人工智能技术为代表的新兴产业扩散速度快、应用范围广，劳动力在大学教育中学习到的知识在未来会陷入与技术进步错位的困境。应对新技术变革的教育培训体系需要遵循以技能为基础的方向，而不是以学位为基础的动态变化的劳动力市场。对人力资本的投资，除发展基础技能之外，还要培育高阶认知技能和社会行为技能，这一点要从儿童早期教育进行投资。说到底，人力资本是抵御自动化进程的根本所在，未来就业面临的一项长久挑战是帮助受到人工智能冲击的行业劳动力重新适应并获得新技能。政府就业相关部门要及时识别哪些是最可能被自动化取代的工作，并为受到影响的劳动力提供再培训，比如促使职业培训学校与企业和私人部门的紧密合作，向工人提供免费教育的机会。

其二，探索劳动与资本、技术再平衡的社会保险制度，提高现有的社会保障水平，扩大社会保险。机器人、人工智能带来的工作任务和性质的变革，要求社会保险和社会保护制度也应当适应调整，健全更公平、可持续的社会保障制度，尽管机器人、人工智能短期内不会对制造业企业现有的普通劳动力造成就业冲击，但是减少了对技能劳动力的长期需求是肯定的，并且人工智能的大量应用对低技能劳动力工资增长将产生明显的负面影响。因此，以"工薪税"方式为主、与就业直接关联的社保体系将面临新挑战。被供养救助人员增加（人工智能技术冲击带来的失业与收入差距），普通劳动者缴费基数也可能降低，社保体系的筹资和支付压力都将增大。社保体系筹资方向需要考虑从"人"转向"资本"；比如，探索征收"机器人税"以补偿劳动者的损失应该尽早着手研究，从制度设计上探索实施的条件和操作方式。

参考文献

鲍达民（2017），《中国人工智能的未来之路》，中国发展高层论坛，北京，3月18~20日。

蔡昉（2019），《经济学如何迎接新技术革命？》，《劳动经济研究》第2期，第3~20页。

蔡昉（2021），《生产率、新动能与制造业——中国经济如何提高资源重新配置效率》，《中国工业经济》第5期，第5~18页。

蔡自兴、郭璠（2013），《中国工业机器人发展的若干问题》，《机器人技术与应用》第3期，第9~12页。

曹静、周亚林（2018），《人工智能对经济的影响研究进展》，《经济学动态》第1期，第103~115页。

陈洁、吴淑萍（2021），《"招工难"下的智能制造突进：工业机器人产量激增》，《21世纪经济报道》10月29日，第5版。

陈秋霖、许多、周羿（2018），《人口老龄化背景下人工智能的劳动力替代效应——基于跨国面板数据和中国省级面板数据的分析》，《中国人口科学》第6期，第30~42页。

程虹、陈文津、李唐（2018），《机器人在中国：现状、未来与影响——来自中国企业-劳动力匹配调查（CEES）的经验证据》，《宏观质量研究》第3期，第1~21页。

邓仲良、屈小博（2021），《工业机器人发展与制造业转型升级——基于中国工业机器人使用的调查》，《改革》第8期，第1~13页。

都阳（2014），《劳动力市场制度的国际比较及其对中国的启示》，《劳动经济研究》第 4 期，第 161~192 页。

胡牧之（2018），《新时代和谐劳动关系的构建：影响因素与对策——基于湖北企业的调查》，《理论月刊》第 8 期，第 5~10 页。

蒋文振（2019），《浅论西方市场经济国家劳动关系的历史演变》，《现代营销（经营版）》第 3 期，第 32~34 页。

〔德〕克劳斯·施瓦布（2016），《第四次工业革命：转型的力量》，李菁译，中信出版集团。

领英（2018），《中国新兴职业报告》，https：//business.linkedin.com/zh-cn/talent-solutions/c/19/feb/emerging-job-su。

李祥进、杨东宁、徐敏亚、雷明（2012），《中国劳动密集型制造业的生产力困境——企业社会责任的视角》，《南开管理评论》第 3 期，第 122~130 页。

李小平、李小克（2018），《偏向性技术进步与中国工业全要素生产率增长》，《经济研究》第 10 期，第 82~96 页。

李兴家等（2018），《新技术新产业新业态新模式蓬勃发展对产业工人队伍的影响及对策建议——以济南市为例》，《山东工会论坛》第 2 期，第 8~16 页。

梁颖、陈佳鹏（2013），《日本失去的二十年——基于中日人口红利比较的视角》，《人口学刊》第 4 期，第 21~31 页。

林晨、陈小亮、陈伟泽、陈彦斌（2020），《人工智能、经济增长与居民消费改善：资本结构优化的视角》，《中国工业经济》第 2 期，第 61~83 页。

林毅夫、张鹏飞（2005），《后发优势、技术引进和落后国家的经济增长》，《经济学（季刊）》第 4 期，第 53~74 页。

屈小博（2019），《机器人和人工智能对就业的影响及趋势》，《劳动经济研究》第 5 期，第 133~143 页。

沈建峰（2018），《产业升级与用工法律关系的变化》，《法庭内外》第 5 期，第 20~23 页。

〔日〕速水佑次郎、〔日〕神门善久（2003），《农业经济论（新版）》，沈金虎等译，北京：中国农业出版社。

汤灿晴（2018），《新时代劳动关系管理面临的挑战和创新》，《中国劳动关系学院学报》第 5 期，第 85~92 页。

王春超、丁琪芯（2019），《智能机器人与劳动力市场研究新进展》，《经济社会体制比较》第 2 期，第 178~188 页。

王田苗、陶永（2014），《我国工业机器人技术现状与产业化发展战略》，《机械工程学报》第 9 期，第 1~13 页。

王婷婷、刘奇超（2018），《机器人税的法律问题：理论争鸣与发展趋势》，《国际税收》第 3 期，第 29~36 页。

王晓娟、朱喜安、王颖（2022），《工业机器人应用对制造业就业的影响效应研究》，《数量经济技术经济研究》第 4 期，第 88~106 页。

王学义、何泰屹（2021），《人力资本对人工智能企业绩效的影响——基于中国 282 家人工智能上市企业的分析》，《中国人口科学》第 5 期，第 88~101、128 页。

王志华、董存田（2012），《我国制造业结构与劳动力素质结构吻合度分析——兼论"民工荒"、"技工荒"与大学生就业难问题》，《人口与经济》第 5 期，第 1~7 页。

〔德〕乌尔里希·森德勒（2014），《工业 4.0：即将来袭的第四次工业革命》，邓敏、李现民译，北京：机械工业出版社。

徐朝阳、林毅夫（2009），《技术进步、内生人口增长与产业结构转型》，《中国人口科学》第 1 期，第 11~21 页。

杨观来、吴洪宇（2012），《广东不同类型企业劳动关系和谐度的比较》，《管理现代化》第 4 期，第 28~30 页。

杨光、侯钰（2020），《工业机器人的使用、技术升级与经济增长》，《中国工业经济》第 10 期，第 138~156 页。

杨伟国、邱子童、吴清军（2018），《人工智能应用的就业效应研究综述》，《中国人口科学》第 5 期，第 109~119 页。

余玲铮、张沛康、魏下海（2021），《机器人如何影响劳动力市场雇佣关系："技术—技能"重塑机制的解释》，《学术研究》第 2 期，第 100~107、178 页。

张刚、孙婉璐（2020），《技术进步、人工智能对劳动力市场的影响——一个文献综述》，《管理现代化》第 1 期，第 113~120 页。

周文斌（2017），《机器人应用对人力资源管理的影响研究》，《南京大学学报》（哲学·人文科学·社会科学）第 6 期，第 154~155 页。

Abbott, Ryan & Bret Bogenschneider（2018）. Should Robots Pay Taxes? Tax Policy in the Age of Automation. *Harvard Law & Policy Review*, 12, 1–31.

Abeliansky, Ana & Klaus Prettner（2017）. Automation and Demographic Change. *Hohenheim Discussion Papers in Business, Economics and Social Sciences*, No. 052017.

Acemoglu, Daron & David Autor（2011）. Skills, Tasks and Technologies: Implications for Employment and earnings. In David Card & Orley Ashenfelter (eds.), *Handbook of labor economics*, *vol. 4, Part B*. North Holland: Elsevier, pp. 1043–1171.

Acemoglu, Daron & Pascual Restrepo（2017a）. Robots and Jobs: Evidence from US Labor Markets. *NBER Working Paper*, No. 23285.

Acemoglu, Daron & Pascual Restrepo（2017b）. Secular Stagnation? The Effect of Aging on Economic Growth in the Age of Automation. American Economic Review, 107（5）, 174–179.

Acemoglu, Daron & Pascual Restrepo（2018a）. Low-Skill and High-Skill Automation. *Journal of Human Capital*, 12（2）, 204–232.

Acemoglu, Daron & Pascual Restrepo（2018b）. *Demographics and Automation*. Cambridge: National Bureau of Economic Research, 3, 1–93.

Acemoglu, Daron & Pascual Restrepo（2018c）. The Race Between Machine and Man: Implications of Technology for Growth, Factor Shares and Employment. *American Economic Review*, 108（6）, 1488–1542.

Acemoglu, Daron & Pascual Restrepo（2019）. Automation and New Tasks: How Technology Displaces and Reinstates Labor. *Journal of Economic Perspectives*, 33（2）, 3–30.

Acemoglu, Daron & Pascual Restrepo（2020）. Robots and Jobs: Evidence from US Labor Markets. *Journal of Political Economy*, 128（6）, 2188–2244.

Albrecht, James & Susan Vroman (2002). A Matching Model with Endogenous Skill Requirements. *International Economic Review*, 43 (1), 283-305.

Almeida, Rita K., Ana M. Fernandes, and Mariana Viollaz (2017). Does the Adoption of Complex Software Impact Employment Composition and the Skill Content of Occupations? Evidence from Chilean Firms. Policy Research Working Paper 8110, World Bank, Washington, DC.

Alvaro, Espitia, Aaditya Mattoo, Nadia Rocha, Michele Ruta & Deborah Winkler (2022). Pandemic Trade: COVID-19, Remote Work and Global Value Chains. *The World Economy*, 45 (2), 561-589.

Aly, Heidi (2022). Digital Transformation, Development and Productivity in Developing Countries: Is Artificial Intelligence a Curse or a Blessing? *Review of Economics and Political Science*, 7 (4), 238-256.

Arduengo, Miguel. & Luis Sentis (2021). The Robot Economy: Here It Comes. *International Journal of Social Robotics*. 13 (5), 937-947.

Arntz, Melanie, Terry Gregory & Ulrich Zierahn (2016). The Risk of Automation for Jobs in OECD Countries: A Comparative Analysis. OECD Social, *Employment and Migration Working Papers*, No. 189.

Autor, David & David Dorn (2013). The Growth of Low-Skill Service Jobs and the Polarization of the US Labor Market. *American Economic Review*, 103 (5), 1553-1597.

Autor, David (2015) Why Are There Still So Many Jobs? The History and Future of Workplace Automation. *Journal of Economic Perspectives*, 29 (3), 3-30.

Autor, David (2019). Work of the Past, Work of the Future. *NBER Working Paper*, No. 25588.

Bakan, Ismail. & Assist Tuba Buyukbese (2013). The Relationship Between Employees' Income Level and Employee Job Satisfaction: An Empirical Study. *International Journal of Business and Social Science*, 4 (7), 18-25.

Baslandze, Salome (2016). The Role of the It Revolution in Knowledge Diffusion, Innovation and Reallocation. 2016 *Meeting Papers*. Vol. 1509. Society for Economic Dynamics.

Baumol, William J. (1967). Macroeconomics of Unbalanced Growth: The Anatomy of Urban Crisis. *American Economic Review*, 57 (3), 415-426.

Benassi, Grinza, Rentocchini & Rondi (2020). Going Revolutionary: The Impact of 4IR Technology Development on Firm Performance. *SEEDS Working Papers*, No. 0720.

Bessen James (2015). *Learning by Doing: the Real Connection Between Innovation, Wages, and Wealth*. Yale University Press.

Bessen, James, Maarten Goos, & A. Salomons (2019). Automatic Reaction-What Happens to Workers at Firms that Automate?. *Boston Univ. School of Law, Law and Economics Research Paper*.

Bloom, Nicholas, Luis Garicano, Raffaella Sadun, and John Van Reenen (2014). The Distinct Effects of Information Technology and Communication Technology on Firm Organization. *Management Science*, 60 (12), 2859-2885.

Bonfiglioli Alessandra, Crinò, R., Fadinger, H., Gancia, G. (2020). Robot Imports and Firm-Level Outcomes. *CESifo Working Paper*, No. 8741.

Chen, Baotong, Jiafu Wan, Lei Shu, Peng Li, Mithum Mukherjee & Boxing Yin (2017). Smart Factory of Industry 4.0: Key Technologies, Application Case, and Challenges. *IeeeAccess*, 6, 6505-6519.

Das, Mitali & Benjamin Hilgenstock (2022). The Exposure to Routin-ization: Labor Market Implications for Developed and Developing Economies. *Social Science Electronic Publishing*, 60, 99-113.

Daugherty, Paul R & H. James Wilson (2018). *Human Machine: Reimagining Work in the Age of AI*. Harvard Business Press.

DeCanio, Stephen J. (2016). Robots and Humans: Complements or Substitutes. *Journal of Macroeconomics*, 49, 280-291.

Deng, Liuchun (2020). Robot Adoption at German Plants. *IWH Discussion Papers*, No 19.

Dixon, Jay, Bryan Hong & Lynn Wu (2020). *The Employment Consequences of Robots: Firm-Level Evidence*. Ontario: Statistics Canada.

Frey, Carl Benedikt & Michael A. Osborne (2017). The Future of Employment: How Susceptible are Jobs to Computerisation? . *Technological Forecasting and Social Change*, 114, 254-280.

Furman Jason & Robert Seamans (2018). AI and The Economy. *NBER Working Paper*, No. 24689.

Gautier, Pieter A. (2002). Gautier Unemployment and Search Externalities in a Model of Heterogeneous Jobs and Workers. *Economica*, 69, 21-40.

Giuntella, Osea. & Wang Tianyi (2019). Is an Army of Robots Marching on Chinese Jobs? . *IZA Discussion Papers*.

Graetz, Georg & Guy Michaels (2018). Robots at Work. *Review of Economics and Statistics*, 100 (5), 753-768.

Greiner, Alfred, Jens Rubart & Willi Semmler (2004). Economic Growth, Skill-Biased Technical Change and Wage Inequality: A Model and Estimations for the U. S. and Europe. *Journal of Macroeconomics*, 26 (4), 597-621.

Grossman, Gene M. & Elhanan Helpman (1993). *Innovation and growth in the global economy*. MIT press.

Hoang, P. N. & Trang, B. T. T. (2020). Future of Job Market in the Fourth Industrial Revolution. Proceedings of the 17 the International Symposium on Management (INSYMA 2020).

Immervol, H., MacDonald, D., Rovenskaya, E., & Ilmola, L. (2020) . 10 Social Protection in the Face of Digitalisation and Labour Market Transformations. *Systemic Thinking for Policy Making*, 99.

International Federation of Robotics (2020). How Connected Robots are Transforming Manufacturing, Survey Findings. *International Federation of Robotics Report*, Frankfurt.

International Federation of Robotics (2020). World Robotics 2020 - Industrial Robots, Survey Findings. International Federation of Robotics Report, Frankfurt.

Jerbashian, Vahagn (2019). Automation and Job Polarization: On the Decline of Middling Occupations in Europe. *Working Paper Series* (ISSN 1211-3298).

Liu, Jing-Yi (2019, December). Research on the Reform of Tax Collection and Management System by Artificial Intelligence under the Background of "Intelligence +" Development Strategy. In 2019 *International Conference on Economic Management and Cultural Industry (ICEMCI 2019)* (pp. 1029 - 1034). Atlantis Press.

Kaldor, Nicholas (1961). Capital accumulation and economic growth. In *The Theory of capital: proceedings of a conference held by the International Economic Association* (pp. 177-222). London: Palgrave Macmillan UK.

Katz, Callor (2017). Accelerating the Development of Latin American Digital Ecosystem and Implications for Broadband Policy. *Telecommunications Policy*, 42 (9), 661-681.

Kearney, M. S. et al. (2015). *The Future of Work in the Age of Machine.* Washington, DC: Brookings Institution.

Koch, Michael, Ilya Manuylov & Marcel Smolka (2019). Robots and firms. *CESifo Working Paper*, No. 7608.

Kritzinger, Werner, Georg Traar, JanHenjes & Wilfried Sihn (2018). Digital Twin in Manufacturing: A Categorical Literature Review and Classification. *IFAC-Papers OnLine*, 51 (11), 1016-1022.

Manyika, J., Chui, M., Miremadi, M., Bughin, J., George, K., Willmott, P., & Dewhurst, M. (2017). A Future that Works: AI, Automation, Employment, and Productivity. *McKinsey Global Institute Research*, *Tech. Rep*, 60, 1-135.

Mitchell, Tom & Erik Brynjolfsson (2017). Track How Technology is Transforming Work. *Nature*, 544 (7650), 290-292.

Milena Kabza, *Artificial Intelligence Supports Economic Growth* (Obserwatorfinansowy, 2019, March 26). https://www.obserwatorfinansowy.pl/artificial-intelligence-supports-economic-growth/.

Noah Smith (2018, July 6), *Robots Are Poised to Make Life Grim for the Working Class.* Bloomberg. https://www.bloomberg.com/opinion/articles/2018-07-06/robots-are-poised-to-make-life-grim-for-the-working-class#xj4y7vzkg

Novella, R. , Rosas-Shady D. & Alvarado A. (2020). Are We Nearly There Yet?: New Technology Adoption and Labor Demand in Peru. *IDB Publications Working Paper*.

Park, HyunJee & Sang Ok Choi (2019). Digital Innovation Adoption and Its Economic Impact Focused on Path Analysis at National Level. *Journal of Open Innovation Technology Market and Complexity*, 5 (3), 56.

Paul, Mark, Darity Jr. William & Darrick Hamilton (2018). The Federal Job Guarantee-a policy to achieve permanent full employment. *Center on Budget and Policy Priorities*, 25.

Puhani, Patrick A. (2008). Transatlantic Differences in Labour Markets: Changes in Wage and Non-Employment Structures in the 1980s and the 1990s. *German Economic Review*, 9 (3), 312-338.

Raga, José T. (2019). The Foreseeable Impact on Sociability and Solidarity in Labour Relations, in the Incoming 4th Industrial Revolution. *Pontificia Accademia delle Scienze Sociali*.

Raj Manav & Robert Seamans (2019). Primer on Artificial Intelligence and Robotics. *Journal of Organization Design*, 8, 1-14.

Raj, Manav, & Robert Seamans (2017). AI, Labor, Productivity and the Need for Firm-Level Data. *The Economics of Artificial Intelligence*.

Razi A, Ramzan M, Ali A S, Khan H, Hassan Z. (2012). Labor Management Relations. *Global Journal of Management and Business Research*, 12 (8), 2249.

Romer, Paul M. (1990). Endogenous Technological Change. *Journal of Political Economy*, 98 (5), 71-102.

Sachs Jeffrey D. , Seth G. Benzell & Guillermo LaGarda (2015). Robots: Curse or Blessing? A Basic Framework. *NBER Working Paper*, No. 21091.

Shapiro, Alan Finkelstein & Federico S. Mandelman (2021). Digital Adoption, Automation, and Labor Markets in Developing Countries. *Journal of Development Economics*, 151, 102656.

Shen, Yang, Dejun Guo, Fei Long, Luis A. Mateos, Houzhu Ding, Zhen

Xiu & Randall B. Hellman et al. (2020). Robots under COVID-19 Pandemic: A Comprehensive Survey. *Ieee Access*, 9, 1590-1615.

United Nations, Department of Economic and Social Affairs, Population Division (2019). World Population Prospects 2019.

Ure, Odd Bjørn & Tom Skauge (2019). kills and Employment under Automation: Active Adaptation at the Local Level. *International Journal for Research in Vocational Education and Training* (IJRVET), 6 (3), 203-223.

Waring Peter, Azad Bali & Chris Vas. (2020). The Fourth Industrial Revolution and Labour Market Regulation in Singapore. *The Economic and Labour Relations Review*, 31 (3), 347-363.

Webb, Michael (2019). The Impact of Artificial Intelligence on the Labor Market. *SSRN Electronic Journal*.

Wilcox, Joe & Lew McMurran (2019). *Future of Work Task Force 2019 Policy Report*. Workforce Training and Education Coordinating Board, 12, 1-113.

World Bank Group & the Development Research Center of the State Council, P. R. China. (2019). Innovative China: New Drivers of Growth. Washington, DC: World Bank.

World Economic Forum. (2018). *The Future of Jobs Report 2018*. World Economic Forum, Geneva, Switzerland.

Xu, Min, Jeanne M David & Suk Hi Kim (2018). The Fourth Industrial Revolution: Opportunities and Challenges. *International Journal of Financial Research*, 9 (2), 90-95.

Zeira, Joseph (1998). Workers, Machines, and Economic Growth. *Quarterly Journal of Economics*, 113 (4), 1091-1117.

附件1

广东省、江苏省典型制造业企业机器人应用和发展状况调查问卷

　　本调查系中国社会科学院与广东外语外贸大学广东国际战略研究院和南京财经大学经济学院联合开展的"产业结构升级背景下制造业机器人实施状况"调研。调查数据将服务于政府科学决策、企业改进管理和转型升级。我们将对贵企业的信息严格保密。谢谢您的合作！

　　1. 企业基本信息

　　1）企业名称：＿＿＿＿＿＿；成立于＿＿＿＿＿＿年；统一社会信用代码＿＿＿＿＿＿；

　　2）企业控股类型：a. 国有　b. 民营　c. 港澳台投资　d. 外商投资

　　3）行业类型：＿＿＿＿＿＿（请填写细分行业）；

　　4）企业是否属于高新技术企业：①是，＿＿＿＿＿＿年获得高新技术企业资质；②否

　　5）企业是否位于高新技术开发区/经济技术开发区：

　　①是，开发区名称＿＿＿＿＿＿；②否

具体指标	2020 年底（预期）	2020 年 6 月	2019 年底	2018 年底
员工总数(人)				
其中:研发人员				
一线生产员工				
本地员工				
固定资产(万元)				
销售收入(万元)				
营业利润(万元)				
职工薪酬福利支出(万元)				
生产成本(万元)				
出口(万元)				
智能制造补贴(万元)				

2. 请填写贵企业过去三年的主要用工和财务情况

3. 企业在_____年引进了信息管理系统，截至 2020 年 6 月投资金额为_____万元，目前在以下哪些方面采用了信息化管理:

具体指标	是	否
3-1. 财务管理		
3-2. 购销存管理		
3-3. 生产制造管理		
3-4. 物流配送管理		
3-5. 客户关系管理		
3-6. 人力资源管理		
3-7. 其他,请说明_____		

4. 贵企业在_____年开始使用除机器人之外的数控机器设备,在_____年开始使用工业机器人。2018~2020 年,贵企业数控机器设备、工业机器人的台套数、现值分别为:

具体指标	2020 年底（预期）	2020 年 6 月	2019 年底	2018 年底
4-1. 全部机器设备现值（万元）				
4-2. 数控机器设备台套数（台）				
4-3. 数控机器设备现值（万元）				
4-4. 工业机器人台套数（台）				
其中：国内台套数（台）				
4-5. 工业机器人现值（万元）				
其中：国内工业机器人现值（万元）				

5. a）贵企业工业机器人主要类别的变化情况（可多选）

主要类别	2020 年 6 月（1. 是　2. 否）	2018 年底（1. 是　2. 否）
5-1. 多关节机器人		
5-2. 平面多关节机器人		
5-3. 坐标机器人		
5-4. 圆柱坐标机器人		
5-5. 并联机器人		
5-6. 工厂用物流机器人 AGV robots in factory		
5-7. 其他（请说明）_____		

b）上述所使用工业机器人中，2018 年底使用最多的类别为_____（填上表序号），平均使用寿命_____年；截至 2020 年 6 月使用最多类别为_____（填上表序号），平均使用寿命_____年。

6. 贵企业目前所使用的现值最大的国内工业机器人品牌为（请单选）：

①Siasun 新松；②Efort 埃夫特；③GSK 广州数控；④Estun 埃斯顿；⑤深圳固高；

⑥其他（请说明）_____。

7. 贵企业工业机器人主要用途的变化情况

主要用途	2020 年 6 月 (1. 是 2. 否)	2018 年底 (1. 是 2. 否)
7-1. 焊接		
7-2. 喷涂		
7-3. 上下料		
7-4. 包装		
7-5. 码垛		
7-6. 搬运		
7-7. 洁净室		
7-8. 装配		
7-9. 其他(请说明)_____		

8. 与不使用工业机器人相比，贵企业引入工业机器人之后，一线生产员工数量变化情况：

①增加（   ）；其中：1）增加_____人；2）增加人员的主要流向为：人机协作占_____%，企业内生产性服务岗占_____%；

②减少（   ）；其中：1）减少_____人；2）减少人员的主要流向为：通过企业培训内部转岗占_____%，通过培训人机协作占_____%，企业内生产性服务岗占_____%，裁员占_____%；

③不变（   ）；

9. 与不使用工业机器人相比，贵企业引入工业机器人之后，是否新增了工作岗位？

①是（   ）；其中新增工作岗位为_____（请填写最为主要的前三个）；

②否（   ）；

10. 与不使用工作机器人相比，贵企业引入工业机器人之后，是否减少了工作岗位？

①是（   ）；其中减少工作岗位为_____（请填写最为主要的前三个）；

②否（   ）；

11. 企业月度主要效率指标的变化情况

具体指标	2020 年 6 月 （1. 是　2. 否）	2018 年底 （1. 是　2. 否）
11-1. 产品一次检验不合格率（‰）		
11-2. 人均生产成本（万元/人）		
11-3. 人均能耗成本（万元/人）		
11-4. 人均产量（万件/人）		

12. 截至 2020 年 6 月，贵企业人工智能生产已申请获批的各类发明专利共有_____项，其中：国内_____项；国外_____项。

13. 针对 2020 年疫情影响，贵企业是否已有如下行为或计划？

具体指标	是	否
13-1. 2020 年已增加机器人和人工智能技术使用		
13-2. 计划于 1 年内增加机器人和人工智能技术使用		
13-3. 计划于 1 年内因增加机器人和人工智能技术使用而减员		
13-4. 计划于 1 年内因增加机器人和人工智能技术使用而产生新的招聘		
13-5. 计划于 1~3 年内增加机器人和人工智能技术使用		
13-6. 计划于 1~3 年内因增加机器人和人工智能技术使用而减员		
13-7. 计划于 1~3 年内因增加机器人和人工智能技术使用而产生新的招聘		

14. 2020 年，贵企业是否有因扩大机器人和人工智能使用而产生新的招聘计划？

　　①是（　）；其中：主要招聘岗位为_____（请填写最为重要的前三个）

　　②否（　）；

15. 贵企业使用机器人或人工智能技术之后，下列工作岗位的变化情况是：

具体指标	增加	减少	不变
15-1. 研发			
15-2. 管理			
15-3. 生产			

续表

具体指标	增加	减少	不变
15-4. 安装调试			
15-5. 设备维修			
15-6. 仓储物流			

16. 贵企业对下列专业高校毕业生需求迫切程度的评价（1-10 分由低到高）

具体指标	需求迫切程度
16-1. 人工智能	
16-2. 电气工程	
16-3. 工业互联网	
16-4. 大数据分析	
16-5. 机器学习、算法	
16-6. 云计算技术与应用	
16-7. 其他（请说明）	

17. 贵企业 2018~2020 年是否获得过下列政策扶持？（可多选）

①进口机器人购置补贴；②国产机器人购置补贴；③企业自主研发机器人研发补贴；④智能制造重大产业项目；⑤人工智能技术研发补贴；⑥互联网、云计算、大数据等信息技术与制造业融合扶持补贴；⑦其他扶持政策（请说明）；⑧以上都没有

18. 如果贵企业 2018~2020 年获得智能制造政策扶持，级别是？（可多选）

①国家级　②省级　③地市级　④县区级　⑤其他＿＿＿＿＿＿＿（请说明）

19. 贵企业 2018~2020 年所获得的智能制造政策扶持主要属于（可多选）

①事前现金补贴；②税收减免；③贴息贷款；④事后评估补贴；⑤人才引进补贴；

⑥其他＿＿＿＿＿＿（请说明）

20. 企业在机器人和人工智能技术使用中，对下列政策的需求迫切程度（1~10分由低到高）

具体指标	需求迫切程度
20-1. 工业互联网、大数据、5G 等"新基础设施"	
20-2 资金支持以降低企业机器人和人工智能技术使用成本	
20-3. 技术和技术应用支持	
20-4. 人工智能技术人才支持	
20-5. 技能培训支持	
20-6. 其他(请说明)	

附件 2

广东省、江苏省典型制造业企业机器人
应用和发展状况调研提纲

    选取 10 家应用工业机器人的典型制造业企业，主要就如下问题进行详细访谈和调研。

    （一）请企业负责人介绍本地区、本行业、本企业工业机器人和人工智能的发展趋势与技术需求。

    （二）本企业实施机器人和智能制造战略后，"控人提效"实际效果如何？企业有哪些经营管理指标能反映"控人提效"？企业或所在行业的"招工难"问题缓解了吗？

    （三）机器人和智能制造实施后，哪些管理环节需要智能化、数据化、网络化和平台化？

（四）请企业负责人介绍本企业在过去几年机器人和人工智能技术应用对各类人员需求的影响，企业哪些岗位被替代，哪些岗位人员需求增加？本行业哪些岗位或职业需求受机器人和人工智能技术应用影响较大？

（五）本企业实施机器人和智能制造战略后，各类人员技能需求有何变化？哪些技能是企业最需要的？生产一线生产员工的"人机协作"能力和"智能化生产"技能应该如何培训和提升？

（六）采用机器人和智能制造后，员工技能培训内容和方式有何变化？企业如何提高员工的认知（知识）能力、交流能力、专业技术能力、人机配合及互动能力？

（七）本企业使用机器人和人工智能技术过程中，遇到了哪些问题和困难？这些问题和困难是否需要广东地方政府扶持？目前企业获得哪些方面的政策支持？实际效果如何？对政府支持企业采用机器人和人工智能技术有什么意见和建议？

（八）根据贵企业智能制造实施经验，应该如何优化本省高等院校的专业设置，以适应人工智能的发展需求，促进人才培养和产业发展相匹配？

（九）机器人和智能制造推动产业升级，面临的主要困难是什么？您认为政府和市场的定位和职能各是什么？

（十）关于"十四五"时期机器人和人工智能发展规划，贵企业对地方政府相关部门有何意见和建议？

后 记

　　人口老龄化已成为全球现象，而以机器人为代表的自动化新技术应用快速增长也成为世界主要国家的普遍趋势。在使用规模上，中国已成为工业机器人应用第一大国，正在从"世界工厂"向"中国制造"迈进。机器人替代战略代表着新技术变革的应用将成为中国经济增长的新机遇、产业升级的新动力。要科学推断机器人对产业结构调整升级的作用与效应，机器人战略与企业微观创新行为及行为选择的关系，企业对新技术变革的需求和途径以及企业面临的主要约束。只有开展深入企业层面的调研及对数据信息的获取，才能科学评估中国制造业机器人应用与产业升级。本书除了收集整理跨国分行业时间序列数据，利用中国制造业企业—员工匹配调查微观数据，尤其是2021~2022年在江苏省和广东省的智能制造企业深入开展了企业问卷调查和深入访谈，系统全面了解企业机器人应用的典型化特征与产生的效应。

　　本书的研究是在过去三年新冠疫情期间完成的，殊为不易。2020~2022年调研省份的疫情相继频发，客观情况都不允许人员流动，每一步调研都比预期花更多的时间，往往刚沟通联系好就接到地方暂时不能调研的通知。这期间通过研究所科研管理部门帮助，积极与调研地企业和高校协调、联系，于2021年10月和2022年2月才分别完成了江苏省和广东省的智能制造典型企业调查，历时两年多。本书中的基本观点、论证和政策建议均是近年来的调研和研究成果，在此对支持、启发我的领导、同事表示感谢，包括一起调研的同事、收集资料的博硕士研究生、出版社的编辑老师。也感谢国家自然科学基金专项项目"中国人口转变的独特性、经济影响及政策研究"（批准号：72141310）对本书研究的资助。当然，本书中存在的任何错误和不妥之处，责任都由我本人承担。

2023 年 10 月 10 日

图书在版编目（CIP）数据

技术进步与中国制造业产业升级：以机器人应用为
例／屈小博著．--北京：社会科学文献出版社，
2023.10
（中国社会科学院国情调研丛书）
ISBN 978-7-5228-1963-1

Ⅰ.①技… Ⅱ.①屈… Ⅲ.①制造工业-产业结构升
级-研究-中国 Ⅳ.①F426.4

中国国家版本馆 CIP 数据核字（2023）第 106229 号

中国社会科学院国情调研丛书
技术进步与中国制造业产业升级
——以机器人应用为例

著　　者／屈小博

出 版 人／冀祥德
责任编辑／陈　颖
责任印制／王京美

出　　　版／社会科学文献出版社·皮书出版分社（010）59367127
　　　　　　地址：北京市北三环中路甲 29 号院华龙大厦　邮编：100029
　　　　　　网址：www.ssap.com.cn
发　　　行／社会科学文献出版社（010）59367028
印　　　装／三河市龙林印务有限公司

规　　　格／开　本：787mm×1092mm　1/16
　　　　　　印　张：13　字　数：207 千字
版　　　次／2023 年 10 月第 1 版　2023 年 10 月第 1 次印刷
书　　　号／ISBN 978-7-5228-1963-1
定　　　价／128.00 元

读者服务电话：4008918866